从那一天我知道了你的存在，
就想要给你写情书。

孩子，
我愿意这样爱你

包丽敏 著

湖南教育出版社

目 录

下篇 无知觉的伤害

1 小怪兽

2 不，不，不

3 你应该

4 大棒与胡萝卜

5 哭

自序一

请原谅我大惊小怪

“我三十岁到四十岁之间的年月大部分都生活在玻璃屏障的一边，屏障的那一边是有孩子的女人——你可以称她们为‘母亲’。而我这一边则仅仅是女人。那时，我看起来好像永远不可能穿越这个屏障——我根本无法想象那边的生活是什么样的。我能看见的只是我自己映在玻璃上的零零碎碎的影子，还有屏障那一边那些缓缓移动着的真真实实的女人们，她们像是在远处游动的鲸鱼。”

当我读到爱尔兰女作家安·恩莱特写下的这段话时，仿佛“叮”的一响——是了，“玻璃屏障”！

生育显然不仅不是什么太阳底下的新鲜事，简直就像吃饭穿衣、上班挣钱一样司空见惯，它就是生活日常的一部分。从小到大，我不断地从身边观望和听闻到生育的种种，然后又看着同龄的亲友、同学、同事们一个个进入生育。

那仿佛是一场持续上演的真人生活秀。我坐在观众席上看到的是：小家伙们固然一个个纯真可爱，可也总是动不动就眼泪鼻涕、蛮不讲理，叫人头疼；为人父母者被各种琐碎的“尿布细节”纠缠，牺牲时间和精力，让渡自由，操不完的心，没完没了的焦虑，到头来还可能亲子摩擦、冲突不断……

我以为生育多半也就是这么回事了吧。然而直到我自己进入生育，才发现生育远不是这么回事，或者说，远不仅仅是这么回事。

是的，玻璃屏障！它通透得仿佛不存在，让我以为一切历历在目，但只有等我穿越过去了，才知道，那远不是真相，我到达的竟是一片神奇的新大陆。震撼，惊奇，美妙，当然也时常让人困顿和焦虑。

我是从什么时候真切地意识到，这个无数人到访之地，竟是我的新大陆？应该是从感受到最初的胎动开始。

有一个小小的生命会在我的肚子里动，翻滚、踢蹬、吃手、摸脸、打嗝，由此产生的阵阵震动，穿透羊水传递出来，就好似宇宙发送出只能由我接收的神秘电波。那种奇妙、震撼的体验难以言喻。我惊奇万分——怎么之前从来没有人告诉过我胎动这回事？天哪，这世界上竟然有胎动这么神奇的事情！

不过我后来想，其实很可能有为人父母者确实跟我提过，然而，若非亲身体验，“胎动”这个干巴巴的词，或者即便类似“他在我肚子里翻来滚去”“把我肚皮踢得这里鼓出一块、那里鼓出一块”这样尽可能生动的描述，对我也很难产生什么意义，留下什么印象。

但是当有一个小生命在“我的”肚子里动的时候，一切都不一样了。我心里一定有个机关被一只神秘之手启动了，一种前所未有的爱意汹涌而来，洋溢、流淌，那是一种毫无缘由的爱，既不是因为被爱，也不是因为想要去爱，就是一种本能的幸福，一种情不自禁的生命喜悦。

关于这种独特的爱和幸福，过来人倒是常常提及。可同样，也只有当这股爱意在“我的”心里汩汩而出、源源不断，我才懂那是什么。

怀孕、分娩、哺育，一切都不是之前所能想象。这期间我断断续续写下一些文字，生平第一次，我渴望用诗一般的语言来书写，似乎只有诗句才能表达身体和心灵所经历的强烈、奇妙的体验和情感。可惜我不会写诗。写下的文字也实在力有不逮。

此刻，距离胚胎在我身体里萌发，已经过去四年有余，回头看，那真是梦一般的日子。我怀疑，由人类进化和遗传所驱动的那股荷尔蒙大概有所消退了。重新整理这些文字时已有些心随境迁，但我想尽可能保留它们的原样。这些构成了本书的上篇。

我知道，“我的”新大陆绝非什么独一无二，人类亿万年都是这么过来的，可还是忍不住要大惊小怪，并且想要到处嚷嚷。

为这本小书寻找出版机构的过程中，有幸结识了青豆书坊。很高兴能把它交由青豆书坊来打磨出版，我能感到青豆书坊深深地理解它，而我也因它与青豆书坊有了一段奇妙的缘分。

自序二

愿你困惑

我真正开始求知，不是在校园里，而是离开了校园以后。

在校园里，多数时候，我只是接受知识，求解标准答案，然后记住它们。这些知识很少引发我的好奇心和求知欲。直到离开大学校园，有几年时间，我有幸在《中国青年报·冰点周刊》工作，在那里我第一次真正意识到，原来我脑子里的众多标准答案，其实完全可以推敲，它们告诉我的那些关于世界、社会、历史的见解，也完全可以有不同的看法。有段时间，我特别焦虑，一个很重要的原因，大概就是脑子里那些看似坚固的东西变得摇摇晃晃了。因为心里有了困惑，我于是如饥似渴、似懂非懂地读了一些书。我读了那么多年书，但直到那时才开始真正“读书”。这是我人生第一次主动求知，它使我重新思考和看待我所身处的外部世界。

而我又一次开始如饥似渴地求知，是生了孩子以后。这个小家伙，抛给我无穷无尽的困惑，逼着我不停不停地去寻找答案。从怎么抱一个新生儿开始，到如何护理他，再到我究竟该如何与他相处。原本是试图尽力去理解他的，却没料到，他牵引着我开始认识自己，让我对自己有了极大的好奇。

我以为自己热爱自由，多少能当一个还算民主、开明的母亲，希望孩子能长成他自己。然而，发发宏愿容易，头头是道讲讲道理也不太难，可是，真要在日常生活中去实现，在照料他吃喝拉撒睡的桩桩件件的细节里去实行，我才发现，原来我内心住着一个“独裁者”。

我意识到某种奇怪的悖论：我们对自己的幼崽怀有情不自禁的爱，那爱意真的源源不断、汹涌澎湃，可下意识里，我们却并不把这个生命看作与我们真正平等的个体来对待；我们在紧急关头可以为了孩子而牺牲自己，可平日里，却很可能有意无意在幼小的心灵里制造伤害。

很多时候，如法国杰出的儿童心理学家弗朗索瓦兹·多尔多所言：“家长如同君主统治人民一样教育孩子。”而教育，其实在与孩子相处的一切细节里，喂奶、喂饭、清洗、哄睡、聊天、讲故事、陪玩……以及，面对一个哇哇大哭的孩子时会怎么办。

在与孩子的朝夕相处中，他是一面镜子，我反复从里头照见自己内心的控制欲。亲子之爱中往往埋伏着控制与被控制、征服与被征服的权力关系，而权力关系会不同程度地侵蚀一个孩子的自我。

我们或许看到了教育体系对孩子的伤害，但会不会也很可能，其实当我们的孩子还未走出家庭，还未交到教育体系手里去，只在我们的怀抱中，就已经不同程度地压抑和远离了自我，甚至受伤更深？

我们内心的幽深处，就像一座经年尘封的老阁楼，里面藏着许多我们自己不曾了解的东西。如果翻拣出来，真会叫人大吃一惊。

又一次，我头脑里许多固有的东西，那些在过去多少年中看似坚固、确信的东西，一点点摇晃、破裂、坍塌，然后在废墟上长出某些新的东西。

这真是一段神奇的旅程。我不仅养育了一个孩子，某种意义上，我还养育了自己。

感谢我的孩子带给我的困惑。因这些困惑，我才出发。这三年多陪伴他，不多的余暇也多半都用来求索我心中这些困惑了。这一路求知充满乐趣和喜悦，有时，突然悟到某个道理，或摸索进入一片自己从未涉足过的新鲜之地，简直狂喜。倒不是说有什么了不起的发现，连独到都未必算得上，或许浅陋，或许错漏，但这就是求知本身的快乐啊。

之前因为媒体工作的关系，我也写东西，但它们大多来自某种外部驱动，比如工作的职责、他人的期待。可这一次，我却感到似乎非写不可，想要表达、想要与人分享的冲动那么强烈。

本书的下篇，大多是写孩子出生以来三年中我遭遇的一次次碰撞，从中照见、内省自己。生育之初，我曾信誓旦旦地想，我要给孩子自由；但现在我明白了，其实是他在帮助我变得内心更自由。

几年前我曾采访刘瑜，她说了一段话，令我印象深刻："我……不是为了让别人觉得我是对的，或者我能提供一个另类的方案，而是希望能动摇你对自己所信奉那一套的坚信程度。所以，我的目的是让人困惑，而不是让人变得胸有成竹地认为某个看法就一定是对的。"如果我们有缘在这本书中相遇，我也并不期望这些探讨和思考能让你信服，而是唯愿让你困惑。

因为，每一个困惑，都有可能成为一段发现之旅的起点。

心中有了困惑，你就会出发，为你的孩子、为你，寻找自己的答案。

上篇

无缘由的爱

我们心里都沉睡着一份爱，
只等一个孩子来唤醒。

1. 苏醒

这真是史诗般的故事，就发生在我的身体里，那个我看不见的世界。你就像人类打算殖民火星一样，殖民到我的子宫，把它开垦成你的星球，让它从一只核桃般大小，一步步变成硕大而沉甸甸的圆球。

种子发芽

在我的想象里，那场面很可能像一场超级马拉松比赛。数不清的选手密密麻麻、万头攒动、挤挤挨挨，一声令响，便山呼海啸般地往前冲。所不同的是，现实里的马拉松最多不过几万个选手，而这里有几亿个；它也并不发生在水泥马路上，而是在我的身体里。

这些选手长着圆圆的脑袋，拖着一条细长的小尾巴，就像在池塘里游泳的小蝌蚪。它们竞赛的“跑道”在我们看来是那么微不足道短短的一段，但对它们来说，却是出生入死的漫漫征途，几亿个选手都将在路上一一覆灭。

最终，只有一个选手到达，从此世界上就有了你。

从无中生出有，从洪荒般的虚无中产生出存在，这该是多么石破天惊的一件事啊。可是，这件事就这么轻巧地发生了。当那个选手甩着小尾巴轻轻叩开神秘的生命之门，然后哧溜钻进去的时候，所有人都没有一点点知觉。没有“嘭”的一声巨响，就连“啪”的轻轻炸裂或碰击的声音都没有。

你的到来，比一片树叶掉进池塘还要悄无声息。

探险

生命来自一场不由分说的独裁。要不要让你来到这个世界，这事儿我们没法征求你的意见。我们俩决定要有你，于是世界上就有了你。

可是我们为什么要有你呢？

没有人会问为什么要有这株花、那棵树，为什么南极大陆上的帝企鹅每年只享受短暂的欢娱，却花去一年中的大半时光跋涉于漫漫长途，只为到达那处理想的所在，然后产下一枚蛋，在天寒地冻中用体温将它慢慢孵化。繁衍是自然法则造就的一套精密程序，生育是不假思索的。

或许，在漫长的进化时光中，人类的生育大部分时候也跟蚂蚁孵出小蚂蚁、猩猩生出小猩猩一样，一切听凭自然。但是现在，我们这个物种让自己拥有了选择的可能，生或不生。

长辈们总劝诫，“人活一辈子不就是为了下一代吗？”又说，“大家不都是这么过来的吗？”然而这并不构成我也应该这样生活的理由。我其实从来不是一个不育主义者，只是觉得有必要审视一下自己的人生，要不要生、为什么要生，以及什么时候生。我希望能等到一个时机，在自己内心渴望生育的时候，去迎接你的到来，而不是因为其他。

我的生活里需要你吗？似乎不太需要。有你或没你，生活都将继续。反倒是，看着身边的朋友们，被他们的下一代索去时间和精力，打乱生活秩序和节奏，像一辆突然变速或拐弯的车辆。看他们似乎无穷无尽地为孩子操心、生气、失望、焦虑、抱怨……这些看起来都不是什么吸引人的前景。

很可能因为你，我们还要平添许多忧虑：如果你长成一个内心不善良的人怎么办？如果我们把你带到这个世界，而你却很不喜欢这个世界并为此痛苦不已怎么办？如果你与我们互相折磨、彼此伤害、互怀怨恨怎么办（我相信在不同程度上一定会发生的）？如果……

而我们又能得到什么呢？我们既不想将晚年的着落寄放在你的肩头，也不想让你帮我们实现未竟的梦想，从决定生育的那刻起，我就告诉自己：不要期待你的回报。我们生下你，并非像一个农夫那样，撒下种子，辛苦浇灌，然后指望着秋天的收获。你并没有要求出生，而如果你一出生就被赋予了回报的义务，这对你不公平。

对为人父母者而言，子女永远是那个渐行渐远的人。或许在生命最早期的一段时光，我们几乎就是你的全世界。然后，慢慢地，我们将目送你从我们的生活里越走越远。你的世界会越来越大，我们在其中越来越小。

那么我们为什么还要有你呢？听起来我们似乎那么无私，其实我得承认，这个决定仍然出于自私。那是因为，我所认识的那些已为人父母者，在对这个新角色发一堆牢骚之后，总会喜滋滋地说一句："他（她）也带来很多快乐。"

这是一种什么样的快乐？他们几乎没有人能说清楚，但我能从他们的脸上、眼睛里和声调中，看到某种他们正经历着而我却无从体会的东西。我知道，这种快乐，除你之外，我们无法从任何人身上获得，无论父母、亲朋还是爱人。当年岁渐长，经历并厌倦了一些人事，我开始对这种未曾体验的快乐有了一种好奇和渴望。

我也似乎终究难以违拗大自然的密谋，有一种叫作母性的东西在心里慢慢滋长，无论是对所谓事业的渴求，还是对你可能带来的生活改变的忧虑，或是所有其他一切的利弊权衡，都难以阻挡它的生发。那些圆滚滚、肉嘟嘟的小婴孩，渐渐在我眼中散发出难以抗拒的吸引和诱惑。

于是，我来到了一个岔路口。
我停下来，
决心不再在那条原本熟悉的路上前行，
而把手伸给你，
让你牵着，改去走一条陌生的路，
一条布满未知的路。
好吧，这多少有点像是要开始
一场人生的探险了。

也或许，还有一些我自己都说不清、道不明的缘由，总之，在人生的某个时刻，生育的渴望就这样升起了。

于是，我来到了一个岔路口。我停下来，决心不再在那条原本熟悉的路上前行，而把手伸给你，让你牵着，改去走一条陌生的路，一条布满未知的路。好吧，这多少有点像是要开始一场人生的探险了。

你存在

自从那只杀出重围的精子，寻到了那只渴望爱情的卵子，它们便合二为一，永不分离。然后一个受精卵分裂成两个，两个分裂成四个，四个分裂成八个……当它们成为小小的一团，就从幽暗的输卵管进入温暖的子宫，自由自在地漂浮上一阵，然后像一艘厌倦了在太空流浪的飞船一样，关掉引擎，准备着陆。它们刺破软硬厚薄刚刚好的内膜，扎下了根。慢慢地，这团细胞依稀长出你的眼睛、耳朵、大脑、肌肉、骨骼……以及一颗深红色的心脏。

当你从头到臀还只一两个毫米长，微小的心脏就开始了第一次跳动。

这真是史诗般的故事，就发生在我的身体里，那个我看不见的世界。你就像人类打算殖民火星一样，殖民到我的子宫，把它开垦成你的星球，让它从一只核桃般大小，一步步变成硕大而沉甸甸的圆球。

一条脐带会把我们俩联结起来，从此我的身体将源源不断地给你输送一切。温暖的羊水会包围着你，就像海水曾经包围着原始而蛮荒的地球。

一支试纸探测到了你的存在，看，深红色的线出现了！

我去了医院，躺在床上，一个上了岁数的女医生在我腹部抹上一种冰凉黏稠的液体，用一个小小的仪器摩啊刮啊，来窥探你的小星球。然后我拿到薄薄一页纸，上面贴一张小小的图，黑黢黢的，我什么也看不出来，好在旁边用数字标明了尺寸，我比划了一下，大概还不如一粒蚕豆大——这就是你吗？！

白纸黑字还写着“可见胎芽”“有胎心”之类的字样——这是真的，我的身体里长出了一个人！

女医生面无表情，很快把我打发走了，等着下一个孕育了新生命的女人走进去。我简直想不通，一个人目睹这样的奇迹，怎么竟能无动于衷？不过也许，她许多年、每一天都目睹这样的奇迹，奇迹在她眼里就成了日常。可是我，出门的那一刻，又兴奋，又慌张，我知道，我眼前的世界从此不再是原来那个世界了。

确定无疑，你真的在那儿了。

自此以后，这世上有了一个人，无论我是否愿意，无论你是否愿意；无论你近在身旁，还是远在天边；无论我们彼此热爱，还是互怀不满，你的存在与我的存在，都会像两棵藤蔓一样彼此牵绕。

大肚子女人

生活的列车一路奔跑，现在它停靠在一个站台，站名叫做“怀孕”。

说来奇怪，我之前的生活里好像没什么大肚子女人，想必是因为我从没怎么注意到这个特殊物种，现在，她们好像突然从四处冒了出来，出门散步、购物，总能碰见这些同类。经常彼此看一眼对方隆起的腹部，眼神相遇时，会心一笑，有时还会站定，自然而然地聊上几句，看着很相熟似的，其实都是第一次见。聊完又都各自消失。

谁让我们都从各自的旅途抵达这同一站台歇脚呢。

说来又奇怪，一抵达这里，我此前所执着的许多东西突然变得没那么重要了。工作、业绩、事业、声名、才能、他人的评价……这些热闹喧腾的东西曾经长年在我心里滋长出种种焦虑，现在，这趟列车好像载着我从它们那里暂时逃脱出来，卸下了一层重而硬的壳似的。

我乏了就倒头睡，睡得又惬意又香甜。我不纠结、不烦躁、不渴求，生活突然变得田园牧歌似的舒缓。我觉得自己像一

我觉得自己
像一棵美好的果树，
枝条上的果实
吸食阳光和雨露，
一天天长大。

棵美好的果树，枝条上的果实吸食阳光和雨露，一天天长大。*

大肚子女人的身体里长满悬念。你是男孩还是女孩？好动，还是安静？眼睛大吗？会有一对长长的睫毛吧？会长得像我还是像爸爸呢？……总之，你会是一个什么模样呢？等这个夏天结束，秋天开始，暑热还没有褪去的时候，我们就能知道答案了。

深海小鱼

在你存在的最初三四个月里，我想象你就像一条小鱼，静静地浮游在深海中。我只能通过这样的途径感知到你：乳房胀痛、小腹慢慢隆起，以及一种腻腻的恶心感。我小心翼翼地走路，小心翼翼地活动，生怕惊扰了你。

我是从什么时候一下子陷入对你的恋爱呢？是突然有一天，我感觉到你在我肚里动了起来。一开始我不敢确定那就是你，以为也许不过是一小股气体在捣乱。但最终我确信是

---

* “经验证明，不论是感受上还是身体上，怀孕后的女人都会渐渐地发生变化。也许可以这样讲，她的兴趣范围也在逐渐缩减，或者更确切地说，她渐渐把原来指向外面的兴趣转而指向了自己内部。慢慢地，她会越来越相信世界的中心就在她自己的身体内部。”我后来读到心理学家温尼科特在《妈妈的心灵课——孩子、家庭和大千世界》一书中的这段话，觉得真是再贴切不过。

你，就像小鱼终于咕噜一声吐了个泡泡，气泡慢慢上浮，在水面上轻轻炸开，既隐约又真切；又像是海底发生了一场又一场小规模的地震，我把手轻轻放在肚皮上，就能感觉到从那深处传递出来的阵阵骚动。

你在跟我打招呼吗？

这是多么神奇：在我的身体里，有一个活的东西，在动，在跟我“说话”。如果书上说得没错，这会儿你还只大约半斤重，可是已经会在你的小世界里翻来滚去，手脚乱蹬，用手摸自己的脸，把手塞进嘴里吮吸，还能听到我血管里血流的声音。

于是每天我都有了新的期待，等着你在这儿敲一下，在那儿踢一脚，我就摸着肚皮，凝神静气，去捕捉那一记轻快的颤动。这是只发生在我们俩之间的“对谈”，其他人谁也无法真正分享，包括那另一个给了你生命的人。

这多半是一厢情愿的单恋。因为在你，这些都是无意识的，并且你今后的生命中，这些“史前”记忆恐怕也不会留下任何印迹。但是在我，每一次胎动，都引诱我陷入更深的对你的爱恋中去。

只要一低头，我就能看到身体中央那个圆圆的隆起，那是你的小星球。我一遍遍从镜子里端详它，轻轻抚摩它，心满意足地挺着它走来走去。

有一天晚上，我和爸爸用手轻轻拍你的小星球，跟你说话，期待你的回应，然后我们真的感觉到了小星球里的骚动。

“我们家宝宝真可爱！”我喜滋滋地说。

爸爸一定对此无法理解，他说：“啊？啊……”难道只是因为这个小东西会动吗？每一个胎儿不都会动吗？可是我说，“只有这一个是在‘我的’肚子里动啊！”

我还从来没有见过你，就已经爱上你了。我根本无须见你一眼，就爱上了你。毫无道理可言，毫无理智可言。

秘密花园

我现在相信，怀孕是为女人备下的一座秘密花园。因为有了你，因为爱上了你，这座花园里就凿出了一口泉眼，汩汩地往外流淌出喜悦、温柔、甜蜜、宁静、沉迷的泉水。生育过的女人，大概都曾在心里建造过这样一座难以用语言向旁人描绘、无法与他人分享的花园吧？

尽管生育是太阳底下最最司空见惯的事情之一，我总以为自己对它见怪不怪，却从不知道这座秘密花园的存在，直到亲身抵达。我还相信，自此以后，这股奇妙的泉涌会永远不由自主地流淌，有时可能丰沛，有时可能细小，却永不枯竭，直至人生的终点。

谢谢你，是你把我带到此处，我的心因此柔软、丰盈。

我现在相信，
怀孕是为女人备下的一座秘密花园。
因为有了你，因为爱上了你，
这座花园里就凿出了一口泉眼，
汩汩地往外流淌出喜悦、温柔、
甜蜜、宁静、沉迷的泉水。

这段时间，你在我肚子里老是呼呼大睡，醒了就自己玩一会儿，可能会打打呵欠，啃啃慢慢成形的小手，还会用手抚摸自己的脸，拉着脐带转圈翻滚，张开嘴巴吞咽羊水玩。而且，最近你居然打起了嗝！你一打嗝，我就感到肚皮有节奏地一下下颤动，我数了数，你每天都能打几十上百个嗝呢。

前阵子胎动还是隐约的、轻微的，现在你越长越大，一切都变得泼辣起来。突然我的腹壁就被你顶起一块，成了一个硬硬的凸起，我赶紧去摸，真想一把揪住那只可爱的小手或小脚，可它立刻又缩了回去。我于是常常低着头，在你踢蹬频繁的时段里，使劲儿盯着自己的肚皮，看着它因为你的小手、小脚或小身体的各种触碰而此起彼伏，想象你在肚皮下将小身体拱来拱去的样子，像地壳下一只小昆虫。

肚皮平静的时候，我时常忍不住这里按按，那里摁摁，总能触碰到一两块硬硬的所在，我就像发现了新大陆一样嚷嚷：看，这里八成是小脚丫！作为回应，你可能对着我的肚皮踹上两脚，然后又归于平静。

我对我们之间的这种游戏真是乐此不疲。其实你每天都蠢蠢欲动，每天都动很多次，动的方式也大同小异，但对我来说，每次蠢动都像第一次那样让人惊喜万分、有趣无比。你的每一次蠢动，我都不想错过。每一次蠢动，都好像是你给我的一个吻……

我现在相信，一个人的岁数应该从他（她）在妈妈肚里就开始算起，而不是从他（她）出生开始。因为在他（她）来到外面的世界之前，就已经跟一个女人玩了很久了。

小人国

和尚衣、蝴蝶衣、连体衣、包屁衣、哈衣、爬服，小手套、小脚套、胎帽；

奶瓶、奶嘴、奶瓶刷、奶瓶架、奶瓶清洗剂、奶瓶消毒锅、温奶器，奶粉、奶粉格，吸奶器、储奶瓶、储奶袋；

洗澡巾、口水巾、浴巾，抱被、盖被、纱布巾，尿不湿、隔尿垫、婴儿湿巾，澡盆、洗脸盆、洗屁股盆、洗衣盆；

婴儿洗衣皂、婴儿洗衣液、婴儿洗发水、婴儿沐浴露、婴儿润肤露、婴儿润肤油、婴儿护臀霜；

婴儿床、婴儿车、婴儿体重计、体温计、清洁棉球、小棉签棒、指甲剪、喂药器、硅胶小软勺，等等；

……

你将光溜溜、赤条条地来到这个世界，我需要准备些什么来迎接你？对此我简直一无所知。经验丰富的亲友开来以上详尽的清单。可是，它们做什么用？什么情况下用？什么样的型号和尺寸合适？要哪种材质？……一个人的吃喝拉撒睡，这事儿竟然可以这么复杂。我也才意识到，或许从现在开始，我得以你的尺度，来重新度量这个我生活了三十多年、以为熟悉得不能再熟悉的世界。

好吧，我就把这份清单当作一份请柬，邀我去了解你的世界——嗨，欢迎走进小人国！

2. 新世界

亿万年里，这个星球上不知道有多少人生生灭灭，就在你降生的那一刻，这个星球上就存活着几十亿人；每一分每一秒，不知道有多少颗精子与卵子在某一条输卵管里相遇。这么来看，你的到来，仿佛只是庞大的沙堆里随便添了一粒沙子。可是，每一颗沙粒都来自一个惊奇，都是这世上的一个奇迹。每一颗沙粒也都自有一个世界，而你这颗小沙粒，对于我这颗沙粒而言，就是一个新世界。

见面

我完全没有料到，你那么着急来跟我们见面。

我不久前才买了厚厚一堆育儿书，正准备好好研读，好让自己面对你时能够从容些，可还没来得及读上多少，就要措手不及地迎接你的到来。

那天早晨，我刚醒，一股温热、透明的液体就像溪水般流淌出来。大脑短路了两三秒，然后我意识到，这应该是包围着你的羊水！离预产期还有一个多月，可看来，挂在枝条上的果实，要提前收获了。

我曾多次预想过的、一个女人人生中那个重大的时刻，到来得猝不及防、毫无征兆。

我慌里慌张地在床前打着转，不知道该怎么办，然后走进卫生间，坐在马桶上，开始哇哇大哭。我感到下身就像拧开了水龙头，心里唯有巨大的惊恐：羊水会不会马上就流光？你会不会再也见不到我了？（后来我知道了自己的无知，我在医院躺了十多个小时之后，羊水依然还在流淌。）

人生第一次，我被抬上了救护车。一路上我心里都在默喊：千万别堵车！千万别堵车！为了让羊水流得慢一些，我臀下垫了一只鼓鼓的抱枕。等它吸足了羊水，羊水就顺着我的脊背往低处淌，先是浸湿了裙子，再弄湿了头发。我在担架上一侧头，就看到一摊透明的液体像条蠕虫在救护车内的地上爬行、蔓延。直到被送进急诊，交到医生手上，做了必要的检查，送进待产室，我才确信你还好好的。

谢天谢地。

分娩的痛苦此刻竟已全然淡忘了，尽管我写下这些时，仅仅过去两个月而已。其实，不要说两个月，即便在你离开我的身体仅仅两天，我还虚弱地躺在病床上，伤口未愈合，那时回想起分娩的痛苦，就已经不真切了。

我自己都为这种健忘感到吃惊。难道，这是自然法则又一次发挥作用，它让女人们淡忘疼痛，从而愿意一次又一次地让一个小生命挤过那条狭窄的产道，或者忘掉疼痛，好对那个襁褓中的新生命倾注全部的心力？

那天整个上午我还能躺着用手机跟朋友们发信息聊天。然后，猛烈的阵痛来了，痛得我把午饭都吐光了。疼痛一阵比一阵凶。我想，快了，快了，我们要见面了。可是医生来探查了几次，都说胎头始终没有下降。这样持续了大约 12 个小时，我觉得自己快坚持不下去了。终于，深夜时分我被抬上一辆推车，推过长长的走道，拐几个弯，推进两扇大铁门里去。

里头好冷，冷得我打了好几个大大的寒战。等医生从我的脊柱处注入麻醉药，我终于感到安全了，知道自己就要从似乎没有尽头的疼痛中得救了。我的脑子无比清醒，听着医生们有条不紊地忙碌，听他们聊天，但那个男医生划开我的肚子时，我完全没有感觉。接着我听到他们似乎是在用器械吸干羊水，然后，钝钝地感到有一双手在我肚子里这里扯一扯，那里扒一扒。

我就这样躲过了——也许是错过了——那山崩地裂的一刻。

这让我既庆幸，又遗憾。

他们就这样打开了你的小星球，那时你还在睡觉吗？

我听到了你的啼哭，“哇啊——哇啊——”躺在手术台上，我也忍不住哭了起来。大概是抽泣得太厉害以致身体抖动，医生着急地说：“你快别哭了，手术还没做完呢。”

护士把你抱来在我眼前一晃，说：“是个男孩。”在不太明亮的灯光下，我只来得及看到一个小小的踢蹬着四肢的身体，我急忙去看你的脸，却只看到一张正大张着哇哇啼哭的嘴，然后你就被抱走了。我有气无力地恳求了一句：“再让我看一眼。”可是你已经被迅速地放上推车送去儿科重症监护室。爸爸比我幸运，他守在手术室外，一路跟着推车，可是啊，他说他也没看清你的模样，只看到你特别细瘦的四肢。谁让我们俩都是第一次当父母呢。

你和我们就这样见面了。

2014 年 8 月 8 日零点五十分，你离开了我的身体，从此成为一个独立的个体。你不属于任何人，你只属于你自己。

亿万年里，这个星球上不知道有多少人生生灭灭，就在你降生的那一刻，这个星球上就存活着几十亿人；每一分每一秒，不知道有多少颗精子与卵子在某一条输卵管里相遇。这么来看，你的到来，仿佛只是庞大的沙堆里随便添了一粒沙子。可是，每一颗沙粒都来自一个惊奇，都是这世上的一个奇迹。每一颗沙粒也都自有一个世界，而你这颗小沙粒，对于我这颗沙粒而言，就是一个新世界。

因为你的提前出生，第一时间抚慰你的，是病房里的保育箱，而不是我的胸脯和怀抱。我怅然若失，满心遗憾。我多么怀念你在我肚子里的时光，我们俩之间那美妙的游戏，以及每次抚摩隆起的肚皮时心中油然而生的恬然和喜悦。那里曾经因为有你而生动，现在，它干瘪而萎缩，完全失去了弹性和光泽，像一只皱了皮的橘子。

拇指婴儿

爸爸和姥姥从医院把你接回了家。姥姥把你抱进家门时，你正躺在她的臂弯里睡得香甜。我们这才算真正见面。那个每天在我肚子里踢脚蹬腿和打嗝的小可爱，就在眼前了。

你那么小。我原本以为宝宝们都是肉乎乎的，长着肥圆如藕节般的胳膊和腿。没想到，我的宝宝四肢长得竹节一样细瘦。4 斤 8 两，我们为你准备的最小号的婴儿服，都嫌太肥了。

你紧紧地闭着眼睛，躺在宽大空阔的衣服里。因为新生儿黄疸，小脸黑黄黑黄的。额头上残留着一些白色的胎脂。在医院时为了方便打吊针，额头以上的胎发被剃光一大块，显得有些滑稽，像一个谢顶的小老头。但是像其他婴儿一样，你的脸颊是鼓鼓的、饱满的，覆盖着淡淡的绒毛。

我从姥姥手里接过你，战战兢兢的。我是刚刚从一本图文并茂的育儿书上，学到了该如何抱一个软绵绵的初生婴儿。

我低头看着你，
觉得你有些陌生，
似乎跟我想象的样子不一样；
可事实上，
我也从来没能想象出你的样子。
它一直是个谜。
现在，谜底就在眼前了。

我低头看着你，觉得你有些陌生，似乎跟我想象的样子不一样；可事实上，我也从来没能想象出你的样子。它一直是个谜。现在，谜底就在眼前了。

原来你长这样——我有一点淡淡的失望。

可我很快就又迷上你啦。你躺在我身边，散发着奶香，仍然像胎儿一样蜷缩着双腿。给你换上最最小号的纸尿裤，它大得像能包裹住你半个身子。你整张脸还没有我的手掌大，可这么一个小人儿，困了的时候会出声地打着哈欠；饿了就睁开眼睛，转动脑袋咂咂小嘴，发出吧唧吧唧的响声；醒了就起劲地挥舞胳膊，将腿踢得老高。你打起喷嚏来那么响亮，打起嗝来也那么响亮。夜深人静时，我听着你在身边发出恬静均匀的呼吸声——我觉得万分惊奇，这么一点点的小人儿，怎么也有这么清清楚楚的呼吸声……

一切都那么有趣，让我想起安徒生童话里那个可爱的拇指姑娘，她的摇篮是一个发亮的胡桃壳，被子是玫瑰花瓣。你像她一样。

苏醒

我的身体早就为你的到来做好了准备。脐带——我俩身体的纽带——被割断不久，我惊奇地发现，乳头上泌出了一点白色的乳汁。我的乳房，像两座沉睡多年的火山，现在它们苏醒了。

我惊奇地发现了自己身体的秘密：乳房里竟然奔腾着十多条“溪流”，汩汩流淌着奶汁，像江水流向大海一样，它们向乳头汇聚，等着你用花瓣一样娇嫩的小嘴来吮吸。

我搂紧你的小身体，你闭着眼睛，专注又努力地将小脑袋埋在我怀中。每当你一口紧紧咬住，我都似乎隐约听到乳汁流出的声音。我想象你就像一个勤劳快乐的挖井人，一锄头下去，肥沃松软的土层上就立刻汩汩地往外泛冒出甜甜的泉水。

我们之间一度被割断的身体的纽带，以另一种方式重新连接上了。

一个又一个夜深人静的夜晚，仿佛一切都睡着了，唯有我们两个醒着，依偎在一起。听着你咕咚咕咚大口地吞咽，上气不接下气，看你吃完奶后常常边伸一个懒腰边意犹未尽地咂咂嘴，我由衷地体会到我们身属哺乳动物的真义：在迄今 18 亿年的漫长进化过程之中，我是自然界一只母兽，而你，是她嗷嗷待哺的幼崽。

过山车上的日子

我以为自己已然做好了生养你的心理准备，然而现实总是以超乎想象的方式呈现。

回头看，从羊水破裂的那一刻起，我就像坐上了一列过山车，一会儿抛到高处，一会儿跌到低谷，来来回回。

你离开我身体之后的那天早上，我从昏睡中醒来，心情低落、忧虑。我从没预想到这种情形——你一出生，我们就不得不彼此隔离好几天，你独自待在一个我们无法探视的病房，你还好吗？下午，一个护士来帮助开奶，当乳头上突然渗出一点点白色的汁液，她惊喜地欢呼了一声。我受她感染，心情像被瞬间点亮了。我满心期待地问，是不是可以挤出一点初乳送去给你喝了？她回说，量还太少。哦。

次日上午，我试着用手挤啊挤啊，奶水从一点点渗出，接着竟变成了一滴又一滴！我心花怒放。其实一共也就5毫升而已，在储奶袋中浅浅的一点。忐忑地让爸爸送去儿科病房，很担心量少被拒收。可是他带回来一个天大的好消息：护士收下了！据说她们之后会将奶吸进针管，再注入你鼻子里插着的导管。我们估算了一下，除去沾在管壁上的，你也许能喝到4.5毫升！

那天接下来的时间，我一直处在某种眩晕的喜悦中，病房外的阳光都看起来分外明媚，直到下午事情开始不对劲。奶水慢慢地累积，有一些溢了出来，弄湿了胸前的衣服；更多的则在乳房中积成一个越来越大的肿块，吸也吸不掉，挤也挤不出，痛得要命。据说有一种人可以救我于疼痛——通乳师。我此前可是想都想不出世上有这种职业。十万火急连夜找到一位，却只能第二天一大早才能进病房。痛得我一夜难眠。

后来，你平安回家，满以为可以把你搂到胸前直接喂奶，试了几次，发现你竟无法适应我的乳头……只好每夜爬起来两三次，用吸奶器将奶水泵出来，装进奶瓶，让那号称仿真的硅胶奶嘴来喂你。每天依然试试亲喂，突然有一天，我发现你的小嘴能含住乳头了，还听到了你吞咽的声音！巨大的惊喜“嘭”的炸开，可只持续了几分钟。你使尽全身力气吸了几口，就累得昏睡过去了——你弱小得竟无力喂饱自己。

继续断断续续地尝试，有时有所改观，有时更糟，于是我时而信心满怀，时而悲观沮丧，甚至一度绝望地做好了放弃亲喂的心理准备。可三十多天以后，你突然奇迹般地能够吸空整个乳房，把自己喂饱了，有史以来第一次，整个白天和夜晚我们都没用上奶瓶！你能想象我那种喜出望外吗？困扰已久的难题消失了，我喜滋滋地甚至有了一种错觉，仿佛前方从此就是一片光明的坦途了。

可是其实前方每一步都是巨大的未知，总有什么在某处等着新手父母呢。就在这“奇迹”发生的第二天，夜里你突然严重鼻塞，一吃奶就无法呼吸，新手父母立刻重又陷入手足无措、焦虑万分的境地。

一夜哭闹折腾。

总是如此这般，几乎成了我们的一个生活模式。我跟爸爸苦笑说，你大概是老天专门派来考验我们的。爸爸提醒说，做好心理准备吧，这才刚刚开始。

我以为自己已然做好了心理准备，可我怎么能预想得到，就连坐在小床边守着你睡觉，都会是惊心动魄的经历。

月子后期，你突然开始经常夜里从睡梦中哭醒，啼哭着难以再次入睡。接着，白天也总是从睡眠中哭醒，常常一觉只睡二三十分钟。医生判断，你得了婴儿肠绞痛，只能靠时间来治愈。无法可施，一天又一天，我们只能看着疼痛一次次袭击你。

我从书中找到了你们这种小生物睡眠的秘密：20 多分钟一个睡眠周期，浅睡眠周期、深睡眠周期、浅睡眠、深睡眠……循环交替。我摸索出了经验：只需凝神细听，如果你鼻息粗重，呼气声比吸气声重，这是浅睡眠期；鼻息安宁，只听到轻微而绵长的吸气声，几乎听不到呼气声，这是深睡眠期。这个秘密如此重要，因为每到浅睡眠期或者深浅睡眠切换之时，疼痛最容易把你弄醒，这时便需要我以最快的速度把你抱起安抚，帮助你把睡眠接上。如果不及时或处理不当，你很可能会彻底醒来，难以再次入睡，既痛又困，难免大哭一场。

所以你或许能理解，每到浅睡期，我都不免胆战心惊。我守在你的小床边，计算着时间，不停地拿眼瞟床头那只钟，巴望这 20 多分钟赶紧过去。小脑袋在床上摇来晃去，嘴里几声哼唧，我就紧张；倘若小脸上露出痛苦的表情，眼看要哭出来，我的心就到了嗓子眼儿。好不容易挨过浅睡期，听到你的呼吸重又变得匀静，才松一口气，仿佛一叶舢板渡过险滩。

最让人崩溃的，莫过于频繁起夜，总是困顿不堪刚刚睡着就又听到你的哭声。最心生绝望的，是半夜里抱着你，好不容易哄睡了，轻轻放下，战战兢兢，提心吊胆，像一次冒险，生怕你会扭动着身体愤怒地醒来，而你果然睁开了眼睛。最让人抓狂的，是寂静的夜里你哭上一场又一场，我们用尽能想到的安抚办法，你仍然大哭不止，一折腾就是一两个小时。有些夜晚，我在精疲力竭中勉力保持意识的清醒，心中默念：怎么还不天亮……

真的，有时候困顿中我忍不住问自己：为什么要生下你？如果让我重新选择，我还会不会要你？

然而人类亿万年的进化造就了让为人父母者坚持下去的理由：每一个婴儿或许会在某些时刻如恶魔般让人饱受折磨，却必然会在另一些时刻如天使般令人迷醉。生育实在不是太阳底下的新鲜事，想必世上的父母多半都是这么过来的。我们有多沮丧疲累，或许心底油然滋生出的爱意就有多浓烈和情不自已。这是大自然赐给为人父母者平复身心的安抚剂，让我们欲罢不能的迷幻剂。就像此刻，你在床上安睡的样子，仿佛挂在树梢的小果实一样可爱香甜，而我看着你，觉得世间一切是那样美好。天底下的母亲，无论多么焦虑困顿沮丧挫败抱怨，当她们怀抱自己的婴儿，想必总会有那么一刻时光，感到无比幸福。

焦虑如此巨大，幸福也如此巨大，一切都是高浓度的，像是经过了提纯。短短两三个月，我仿佛把一辈子的情感跌宕都经历完了。

大便委员会

还有巨大的专注。

这段时间以来，我的日子是以你的一泡又一泡屎、一顿又一顿奶、一个又一个觉来度量的。

日常的时间，多半用来喂奶、换尿布、擦洗、哄睡、带你散步、在你哭闹的时候安抚你、处理各种紧急情况比如你突然生病了，以及网购你的日常用品、衣物、玩具……如果还有些空余，要么赶紧倒头补上一觉，要么坐在你床头，偷闲读点什么。过去能让我读得津津有味的现在也不读了，在有限的时间里，我只想解决眼前紧迫的困惑：什么时候要开始添加辅食、宝宝发烧该怎么办、什么样的大便算是异常、呛奶了会不会得肺炎、要不要睡眠训练、有什么办法能让你一觉睡得长一点儿……

外界的消息和新闻引不起我的兴趣了，相较而言，我似乎更有兴趣细细查看你拉的每一泡屎，生怕漏掉其中任何一点异常。我有一位朋友对此感同身受，她笑说："我们都是大便委员会成员。"

世界上与我最有共同语言的，除了共同照顾你的家人，似乎就只有小区里的妈妈们。我们总在散步时，自然而然地彼此吸引，无论相识不相识，都能攀谈几句。宝宝一天多少奶量，吃几顿、拉几回，大便什么颜色、什么性状、什么味道，夜醒几次，一觉睡多久，多长时间能哄睡，躺着喂奶还是抱着喂……无穷无尽的细节，无穷无尽的话题，好像怎么讲都讲不够。

我现在简直相信，世界上的人得分两种，生养过孩子的和没生养过的。前一种人跟后一种人谈论生养，几乎不可能收获真正的理解。后者虽然尽可以观望和听闻前者的生活和感受，却多半无从体会，就像以前的我。

有一天，我无意中读到作家 E. B. 怀特描写一只浣熊。她住在作家卧室外一棵树的树洞里，养育着一窝幼崽，每天外出猎食。如果熊崽们幼小且乖顺，她会很快出门。可是，"如果熊崽烦躁不安，她可能会返回来，再喂一次食。熊崽长大了，急着出来透风，她就会绕树彷徨。有小脑瓜探出洞口，她会用嘴巴叼住，塞回洞里去。最后，好像母亲没有雇到人照看小儿女，剧院的约会又不容更改，她终于离去，很内疚，犹犹豫豫。有时，下到中途，听见婴儿室传来骚动声，她又连忙攀爬回去，再照看一眼”。

倘若在以前，我读到这些文字，最多觉得有趣；但现在不同了，那一刻，我与这只浣熊心心相印。

奇迹

我猜，最开始你的世界就是一小团混沌，小到只有你睁眼能看到的模模糊糊的20多厘米远。你总是紧紧闭着眼睛：闭着眼睡觉，闭着眼吃奶，闭着眼拉屎。偶尔睁开乌黑的眼睛，看上去也是那样茫然。

我知道，即使我把脸凑到你跟前，那也只是一片模糊的光影。可是有一天，你原本失焦的眼神开始会注视这团光影，当我贴近你，故意移动我的脸，你那对漆黑的眼珠便跟着我转动。直到再有一天，你像往常那样躺在我的臂弯里，心满意足地喝完奶，凝视着我，乌黑的眼睛里慢慢浮现出笑意，突然，你咧开小嘴，绽出一朵笑容。

我热泪迸流，朝爸爸大叫：“快来看啊，宝宝朝我笑了！”

那是世界上最迷人的笑容，让我的心都融化了。虽然它一闪即逝，但我想，穿过生命最初的混沌，你是不是终于找到

那是世界上最迷人的笑容，
让我的心都融化了。
虽然它一闪即逝，
但我想，
穿过生命最初的混沌，
你是不是终于找到我了？

我了？

我坚信这是世上最神奇的魔术。我的身体里某一刻萌发了你的生命，你在里面长大、玩耍、欢腾，然后经过一场筋疲力尽的分娩，似乎又归于沉寂，就像金戈铁马鏖战过的土地重又回复了宁静。可是从此就有了你，一个会对我们微笑的小小的你。

一切都是奇迹。你就是奇迹。生养一个孩子，就是一天天目睹这奇迹如何在眼前发生。

你会发出“啊”的一声了。你会抬头了。你发现自己的手了，还会把它们塞进嘴里啃啊啃。你会用手去抓东西了。你会翻身了——我们把你仰面放在床上，接着就看见你肩膀和双脚发力抵住床面，屁股抬高，屁股落下，啪，你借力翻过去了，趴在床上朝我们笑——嚯，这根本不用我们教！接着，你会坐了，会把两只手掌啪啪地拍到一起了，会用杯子喝水了，会抓起土豆条塞进嘴里用光秃秃的牙龈煞有介事地咀嚼了，会双手拉住床栏一用力就站起来了……

我不清楚眼前这一切究竟是怎么发生的，但我知道，你让日子充满了惊叹。

你在向我们演示生命的神奇，那至高无上、令人敬畏的神奇。

魔力

你一定是个有魔力的存在。否则，为什么有时候我只是看到晾衣架上晒着的你的小衣服，看到你扔在地上的一个小玩具，都会从心底泛出一阵幸福的眩晕？

分离

该到再一次切断我们之间身体纽带的时候了。

哺乳这件美好到让人沉迷的事情，突然变得狰狞起来。你在我怀里吮吸了八九个月之后，我才意识到，原来你一直没能正确含接乳头。起初，当乳头被你的舌头裹住，乳汁流淌进你口中，只有甜蜜的颤栗。然而你一天天长大，在越来越强有力的吸吮之下，因为含接不正确，它们表层的肌肤开始撕裂，红肿，直至伤痕累累，布满开裂的口子。

可是你嗷嗷待哺，无论是饿了、困了、夜里哭醒了还是焦虑了、伤心了，你都渴望到我怀里吮吸，没有比这更好的抚慰了。在你含住的那一刻，疼痛是一道闪电，沿着脊椎直达头皮。它让我瞬间身体僵直，肌肉紧绷，直到伤口慢慢变得麻木暂时失去痛感。

几乎每一次哺喂，我的乳头都像是要去冲锋陷阵的敢死队员，心怀恐惧却又必须决绝。有时，在你迫不及待的小嘴跟前，我需要鼓一鼓勇气然后横一横心才能迎上去。

不得已，我让乳房像庄稼汉的田地一样轮休。白天，我们重新启用奶瓶，让伤口有机会喘息、愈合。我用手指挤压乳腺，让乳汁像一支支细细的水箭，疾疾地撞向瓶壁，或者径直落在瓶中已然像一汪小水潭般积起的奶水中，发出清脆的声响。夜晚，你再吮吸着进入梦乡。

然而即便这样，绝大多数时候，它们从未真正愈合过。几乎每个夜晚，它们仍然伤痕累累，有时还血迹斑斑。一直以来你都夜醒频繁，长牙期的夜晚更是煎熬，一夜吮吸六七次是常事。

又一次，极致的幸福，尾随着极致的痛苦。

你一岁三个月时，我想我们不得不一起探索新的入睡方式了，不再靠吮吸入睡，夜里醒了也不再靠吮吸再次入睡。我猜，这于你想必也是艰难的成长吧。

我们慢慢来。先是试试听着故事入睡，减少一次吮吸；夜里醒了，试试抱抱入睡，再减少一次吮吸。一开始一夜减少一次哺喂，渐渐地，减少两次、三次……我们试过听故事入睡、听音乐入睡或者听我唱着催眠曲入睡，也有时，我抱你抱到两臂酸疼、心生绝望，你却还不入睡。

实在痛得鼓不起勇气哺乳时，我就对你说："妈妈奶被吃破了，很疼很疼，呜哇呜哇，不能再吃奶了。"你一双黑眼睛看着我，似懂非懂。有时你平静接受了其他替代方案，有时大哭。有一天夜里醒来，你没有坚持要吃奶，拍拍抱抱就接着睡了，直到早上才吃上一顿，吃完，把乳头吐出来，看着我，说：“呜哇呜哇。”

就这样，时好时坏，反反复复，大约一个月以后，你完全适应了新的入睡方式。一当你夜里不再需要借助吮吸入睡，断奶就近在眼前了。我坚持白天继续将奶挤出来喂你。可是没有了你的吮吸，奶量越来越少。再过一个多月，积攒好几天的奶，挤出来都不够你一顿的饭量了。

你一岁五个月零九天，我挤出最后一瓶 100 毫升奶水。从此，我的乳房将像火山一样重新休眠。再也不会有乳汁像泉水一样汩汩流淌了。

我深知，那些只属于我们两个人的独特时光一去不复返了。

无数次，哺乳的时候，我低头看着你，心头有种强烈的冲动，想要把眼前所见的画面用笔画下来：在乳房饱满的弧线上，埋着一枚小小的圆鼻头，另一条饱满的弧线挤压着这条弧线，那是你鼓鼓的脸颊，黑亮的眼睛时常抬起看着我。如果你吃着吃着睡过去了，长而细密的睫毛就弯弯地歇在脸颊上方。这是世上唯有我能看到的角度，独一无二的画面。可惜我不会画画。我趁你睡着尝试过用相机，拍下来的却好像根本不是我所看到的。这画面注定只好沉没进记忆的大海里去了。

最后一次夜里哺乳，吸出了血，钻心疼，我不得不中止。你呜呜地哭，我抱着你轻轻拍，哄你入睡。小脑袋枕在我肩上，安静下来，黑暗中我听到你吧唧吧唧地咂着小嘴，那是你在半睡半醒间假装在吮吸吗？我的眼泪一下涌了上来，你却紧接着就睡着了。

说也奇怪，此后你就再也不要求吃奶入睡了。你还找到了另一个替代办法：半夜醒了，紧紧挨着我，将一只小手伸进来，放在我胸前，接着安心睡去。

就这样，我们共同完成了一次分离。

有时候

有时候，我抱着你哄你睡觉，你却在我怀里烦躁地扭来扭去，久久不肯入睡。我又累又乏，一瞬间怨气冲上心头，真想把你塞进垃圾桶了事。

也有时候，我抱着你哄你睡觉，你小脑袋枕着我的臂弯，我轻轻地拍着你的小屁股，打着节拍，微微晃动起身体，感觉自己像一个歌手，抱着心爱的吉他，轻轻弹唱。

有一回站在小区里的滑梯旁跟一个妈妈聊天，她恨恨地历数她那小家伙的种种可恶，以及她自己种种心生恶念的时刻。她的语气那样激烈，简直让人觉得那真是个让人嫌恶的小东西。可是这时，那个圆嘟嘟的小姑娘走了过来，抱着她的腿，拽她衣角，稚声稚气地叫了一声："妈妈。"她立刻蹲下来，柔声回应："宝宝，怎么了？"说着，嘴巴情不自禁贴过去，在那圆嘟嘟的小脸蛋上印了一个吻。

忘记了

你迎风长着，一天一个样。我发现我的大脑像硬盘一样不停地被清空。你会爬的时候，我差不多已经忘记了你会坐时的样子。到了这个月，上个月你的模样似乎就有点模糊了。

有一天，我带你去滑梯边玩儿，看到有个奶奶抱着白胖的小婴儿恬静地坐在一旁。我忍不住狠狠贪看了小婴儿好几眼，想从他身上搜寻你小时候的模样。我凑上去探问："这个宝宝两个月大？"

那个奶奶笑了，说："这个阿姨什么眼神啊，我们4个月啦！"

我得承认，我没能准确辨识一个小婴儿的月龄，是因为我失去了参照——你那时刚满一周岁，可我已经想不起你两个月或4个月大时的模样了。

我自嘲地笑笑，又逗了逗那个小婴儿，阳光热辣，心里却爬起一丝伤感。那些巨大的幸福和巨大的焦虑，那些浓缩了的日子，怎么这么快就远去了？

你才一岁，可我好像已经开始嫌时间过得太快，而你也长得太快。

不久前，有个小弟弟出生了，我看到了他的照片。他从妈妈的肚子里出来不久，又软又黑的头发还湿湿地贴在小脑袋上，紧紧地闭着眼睛，眼线长长的。小身体被包裹在小衣服里，躺在妈妈身边。

我简直都羡慕和嫉妒他的妈妈了。她将从身体的痛苦中平复下来，转而沉迷在无尽的温柔和喜悦中。一切正要开始。一切刚刚开始。

我翻出你出生时的照片。人生真是一趟高速列车，飞速驶向终点，绝不因我们留恋就稍事停留。沿途再迷人的风景，也只是在窗口一晃而过。

有一次，看着你在地上飞快地爬，撅着屁股，手脚急促地碰击地面，啪嗒啪嗒，像一只小猩猩，突然想，要是有一台24小时录像的机器就好了，把你可爱的样子时时刻刻录下来，以后随时随地可以翻看。可是，靠机器录下的还是记忆吗？

竟然一切都会淡忘，也一切皆可淡忘。

无数个未来

“爸爸呜——妈妈呜——宝宝呜——开车，采樱桃，要！”

“妈妈抱，坐电梯，往上往下，要！”

“滑滑梯，梯梯梯，梯梯滑，要！”

坐在餐桌前，你说：“蓝莓要！”“木耳要！”“丝瓜要！”“菜菜要！”“肉肉要！”“豆腐汤要！”……看见我们吃任何一样你还没品尝过的食物，你都热切地伸出小手，说：“要！”

翻出想看的绘本，拎到我们面前，说：“要！”

……

一岁十个月，自从学会说“要”这个神奇的字眼，你就开始表达对世界无穷无尽的好奇和渴求，似乎对所有未曾经历的，都满心向往。

“你长大了就可以去幼儿园跟小朋友一起玩，要不要？”“要！”

“要不要去海边旅行？”“要！”

“要不要爸爸带你去爬山、露营？”“要！”

……

其实你还是第一次听说“幼儿园”“旅行”“爬山”“露营”，但是没关系，你都想要。

你踮着脚尖够到书架上能够到的那排，指着书脊让我念书名给你听，念到《我也有一个梦想》，你就绽出一朵甜滋滋的笑容，说，“宝宝。”我懂你的意思，于是问：“你也要有一个‘梦想’吗？”你说：“要！”

一个新生命是不是天然地对世界充满渴望？世界在你面前慢慢呈现，而你已然迫不及待。脖颈还不够硬呢，就不再满足于卧在我们的臂弯里看到的一切，急切地要竖着抱，这样你就可以有一个崭新的视角。站都站不稳呢，就总也不想坐着，一次次扶着任何能抓到的东西醉汉似地摇摇晃晃站起来——直立起来，你和这世界就产生了新的关系。等你会走、会跑了，你的世界就又有了变化。

一切都是新奇，一切都是未知，一切都等着你去探索、经验。

很长一段时间里，夜里醒了，你有时要我抱到阳台上，去看窗外的夜色。我的脸贴着你的脸，这样看过去，你乌黑的眼睛嵌在鼻梁处那条凹下去的圆滑的弧线旁，分外圆、分外大、分外黑亮，它们那么渴望地凝视着外面那个浩瀚的世界，好像怎么看也看不够。不远处城市洒出点点光亮。一窗灯火。外面有你无数的未来。

一想到我有一个莺飞草长般的孩子，而且我还将与你同行长长一段路，也不由对生活充满渴望，就好像我也有了无数个

一想到我有一个
莺飞草长般的孩子，
而且我还将与你
同行长长一段路，
也不由对生活充满渴望，
就好像我也有了
无数个未来。

未来。

当你还住在你的小星球里用脚丫踢我的肚皮时，我就贪看别人家的宝宝，看到粉嘟嘟的小婴儿躺在推车里推过，或者坐在大人膝头逗乐，就心想你一定也是这副肥嫩模样。等你出生，我看到那些蹒跚学步、咿呀学语的，心想要不了多久你也是这样。看到那些个子长高了、大呼小叫骑着单车飞驰而过的小调皮蛋，暗暗想，几年之后这就是你。又或者看到唇上铺起软软绒毛的少年，心想你将来多半也会是这样一脸仿佛正跟世界闹别扭的神情……甚至看到那些生满白发的老人，我还会想，这也会是你将来苍老后的模样吧。

生活给了你一大罐糖果，现在你还不知道它们各自的滋味，你会一颗一颗去剥开，品尝。它们可能甜，可能酸，还可能苦。这罐糖果，兴许够你吃到又一个新世纪了。

下篇 无知觉的伤害

你说，总是和孩子在一起很累。
你说得对。
你还说，那是因为
你得和孩子站在同一高度，
放低自己、俯下身来、跪在地上、
让自己变小。
这么说，你就错了。
这并不是最累的。
最累的是，你必须在情感上
达到孩子的高度，你必须拉扯自己、
伸展自己、踮着脚站立，
这样才不会伤害他们。

——雅努什·科扎克

1. 小怪兽

我想尽自己最大的努力去理解你的世界。因为，母爱并不必然伟大，有多少心灵伤害，也是假母爱之名；母爱并不全是滋养，有时也可能是枷锁。

悬案侦探

我学开车那会儿，从没有开着车上过真正的马路，可想而知，当我怀揣驾照，第一次要把汽车开上熙熙攘攘的马路，心里有多么恐惧。我鼓励自己说，没关系，每年都有这么多新手把车开上了马路，他们一定不会都头脑比我聪明、手脚比我灵巧，我相信自己总能达到平均水准吧，那就一定也能开车上路。于是我果真勇敢地、磕磕绊绊地挤进了滚滚车流。

当我准备怀孕的时候，差不多也是这样想的。我想，养育一个小家伙可能会把我的生活节奏彻底打乱，让我烦心、焦虑，甚至还可能焦头烂额，但应该不会太难。想想看吧，人类都已经从古繁衍至今。想想看吧，我太婆一辈子生养了十三个子女。

大概因为有了这种心理，整个孕期我虽然过得很闲散，有大把充裕时间，却总也没有分出一点去多多了解关于婴儿的种种。直到你突如其来地降临，我才不得不正视生活塞过来的这道难题。我是直到你离开了神秘小星球，躺在新生儿重症监护室时才意识到，原来我都不知道该怎样去抱一个娇弱的初生婴儿。赶紧找了资料来研读，才懂得，哦，原来无论以哪种姿势抱你，最要紧的是一定要托住你的脖颈，因为你的颈椎还根本无力支撑相较身体而言如此硕大的脑袋。喏，一只手掌抄到你的颈下，一只手掌托住小屁股，轻轻转过去，将你的脖颈放到臂弯里，这样就可以把你从小床上平稳地抱进怀里。我又找了一个长形的枕头，假装是你，按照图示演练了两遍，这才安心——我好像学会抱你了，亲爱的小小的你。

从此我跌进了无穷无尽的困惑里。那个从我身体里分离出来的小生命，不是一个缩小版的我们，反倒更像一个外星来客。对于你，我有着源源不断的疑问，我去跟身边已经为人父母的亲友和邻居探讨，我去网络空间里搜寻，我买了一摞摞的书来研读，只想搞清楚，我该如何与你这个世界的新来者相处。我们如此亲密，却又如此陌生。

我需要换一种尺度——你的尺度——来重新看待我所熟悉的世界。我第一次知晓，这个世界上有人的食量竟只有几毫升，我初次挤出来送进儿科病房给你的奶，刚够5毫升，护士用针管抽出来，沾在器具上损失掉一些，真正能进入你肚里的奶汁，也就4毫升多。后来可以用奶瓶哺喂了，奶嘴上那看起来一律如针眼一般的小孔，原来竟有不同的大小，匹配你不同的生长阶段：太小了你吸着费劲，一瓶奶没吸完就已经凉了，还可能没吸饱就累得睡着了；太大了你又可能吞咽不及被呛到。奶嘴塞进你嘴里之前，要滴一滴奶汁在手上试试温度，不能太烫，也不要太凉。试洗澡水的水温，最好用胳膊肘，而不是手掌，这样才更精准。考虑到你的肌肤娇嫩敏感，包裹你和给你擦洗用的毛巾，要足够柔软。至于给你穿戴的蝴蝶衣、和尚衣、哈衣之类的衣物，它们的差异真是微小却又巨大……当然，我也毫无例外地成了一名大便观察家，监测你每一泡遗留在尿片上的大便，颜色、性状、气味，以此判断你来到这个陌生的世界是不是水土不服。

我猜世间父母大多得把自己训练成一个或多或少能破获一些悬疑案的侦探。案情就是那一声急似一声的啼哭，像最紧急的警报，让人瞬间心跳加速，血液上涌。冷了？热了？痒了？疼了？饿了？拉了？吓到了？吵到了？困了？想要抱着到处走走了？……唉，究竟怎么了？

曾经奏效的侦破技巧，过一小段时间就可能彻底失效。一直以来你不是最喜欢吸着奶入睡吗，这几天为什么不仅不肯睡，还要哇哇大哭？半夜醒了，哭叫几声，不是向来只要送上妈妈的乳房就能再次入睡吗，为什么最近每次夜醒，都必须我黑夜中抱着到客厅或阳台去走一遭，有时一夜要进出三四趟，否则就大哭直至声嘶力竭？终于你夜里醒了可以既不哭不闹，又无须夜奶，也不用逼着我抱你出去走动，本以为从此夜里太平，可为什么又出现了新状况：小身体在床上辗转一两个小时还不能入睡？前段时间你还活泼快活，情绪平稳，最近怎么突然整天眼泪汪汪，动不动就尖厉地哭叫？你突然开始整天黏住我，所有事情必须由我为你做，任何人不得代劳，我哪怕去上个厕所，你都会满屋子找我，等到在马桶上找到我，眼泪都急得要流出来了，这又是怎么了呀？……每一阶段，我在焦虑中摸索，自以为刚刚找到一些线索和规律，稍稍感到从容，可突然有一天，你又变了，于是我又一次措手不及、气急败坏，简直不愿相信这是真的，盼望着第二天就立马回复原状，直到如此这般折腾了几天之后，才不得不接受这新的现实，被迫开始侦破新的案情。

你一天天长大，在这个世界上所经历的一天天变得丰富，内心一天天深邃起来，你的哭喊和眼泪里开始出现越来越多的含义：委屈，害怕，悲伤，愤怒，担忧，失望，沮丧，挫败，生气，嫉妒，羞耻，不安……是的，案情变得越来越复杂了。

记不清有多少次，我哀叹，我抱怨：养育你是我这辈子遭遇的最难的事，这真是世上最难的相处。

惯性思维

我曾经破获过一起棘手的疑难案件。

你出生还不到30天，原本成天昏睡，突然从某一天夜里开始，总是从睡梦中哭醒。我们猜测各种原因，试过各种安抚，你仍然痛苦地哭叫着不肯入睡。真是奇了怪了，我们想，也许夜啼就是你们这种小生物的特性吧。然而渐渐地，你白天也常常哭醒。有一天，你哭得那么紧迫、凄厉、持久，像是用尽了全身的力气，小小的身体在我怀里绷成一张反向的弓。

哺乳吧，这是我终极的安抚方式。整幢房子终于暂时从紧急的警报声中安静下来。可两侧乳房很快吸空，警报再次拉响。

难道是还没有吃饱？那就温上一瓶储存在冰箱里的冻奶吧。递到嘴边，一口咬住，真像饿极了似的。可是喝完刚将你竖起来抱着拍嗝，就听“哇”的一声，喝下去的奶大口喷吐了出来。

继续大哭。我猜，大概是吐光了，肚子又饿了吧？于是再温上一瓶奶，递到嘴边，仍是饿极了似的一口咬住。可吃完又是大吐。床上、枕头上、身上到处是黏糊糊、冒着酸味的白色呕吐物。一家人又惊又吓又心疼，一时不知该怎么办才好。

我眼泪汪汪地电话请教远在外地当儿医的表妹。

“他可能是肚子吃撑了。”她说。

“啊，不会吧？吃撑了还像饿鬼一样不停地要吃？明明是饿了的样子！”我简直想不通——你看，一个大人要进入你的世界可真不容易。

“小孩子拼命吸奶，不一定是因为饿了，也有可能是要借助吮吸来减轻痛苦。”

噢，这可真是我前所未闻的关于你的知识！谢天谢地，否则我可能还会再给你温一瓶奶。

可是，会是什么痛苦呢？电话里继续探讨的结果，初步锁定嫌疑是肠胀气或肠绞痛。后来带你去医院，进一步确认。这是成长之痛，医生说，等胃肠发育完善就会自愈。

我搜寻了许多资料，寻找每一种可能缓减你痛苦的方法。所有这些方法几乎都不见效，以至于我不得不怀疑医生的诊断。我反复阅读那些有关肠胀气和肠绞痛的内容，简直不愿放过任何一处蛛丝马迹，比对、联想、推断、排除……你四个月大时的一天，我脑海里突然冒出一个大胆的假设：你的疼痛也许并非常规的婴儿肠绞痛，而是由食物过敏导致。几天后，我又圈定了头号嫌疑过敏源：小麦。姥姥听了我的推断觉得不可思议：活了一辈子都没听说过这种事！但我决定试一试。你猜怎么样，在我连续四五天戒除面食后，你不再只睡上二十多分钟就哭醒，而是能香甜平稳地一口气睡上一两个小时甚至两三个小时了！

当然，为了不致轻易冤枉小麦，我重新试吃面食，结果你又一次像之前那样从短短的睡眠中哭醒。而自从我戒食面制品，你身上的湿疹也消失了。后来，产假结束，我回去上班，有一天，姥姥误从冰箱里拿了一袋我食用面粉期间挤出来的奶，温好了给你喝，结果第二天你又从睡梦中大哭着醒来，随即第三天胸前长出一片红红的湿疹。由此我基本坐实，在最初肠胃发育不完善的日子里，是小麦导致了你的肠绞痛。

就在你剧烈哭闹、大口呕吐的那天，我们还不知道你其实疼痛发作得正厉害，安抚无效，你哭得似乎不依不饶，有那么一刻，家里人锁紧了眉头，既焦虑又沮丧，产生出一丝怨怒，说:“这个孩子脾气太差了！”

这个论调我如此熟悉，多年来，我听过太多的成年人动不动就会对一个孩子下这样的论断。这个论断一下，错就都在孩子了，顺着这个逻辑只需稍稍往前递进一步便是：这种臭脾气可得好好治治！果然，爸爸说:“等他再大一些，就可以给他立规矩了。”

那一天，我突然看到了某种真相。有一种思维惯性在我们这些成年人的头脑中运行，面对你们，我们往往武断、傲慢。哭泣原本是你们与生俱来的语言，你们以此对我们诉说着什么，可是当我们无法理解，当哭声在我们心里引发挫败、无助、焦虑、失望、懊恼之类的痛苦情绪，我们下意识地便倾向于对你们作出“有罪”判定：“不乖”“任性”“臭脾气”“不懂事”“没规矩”，甚至还可能理解为是向成年人示威或企图操控成年人——是的，都是你们的臭毛病，是你们的错，我们可不能惯着，不能纵容。于是，当安抚失败，很可能随之而来的会是一场镇压。

那天的故事仿佛是一个隐喻。此后，在与你相处的短短三年内，我留心看到自己和身边的其他成年人，如何一次又一次用这种惯性思维看待你们，无论你们只有 30 多天大，还是一岁、两岁、三岁……只要无法理解你们的哭喊，只要哭喊在我们心中激起不适的感受，我们就很可能自觉不自觉地动用一枚叫作“无理取闹”的万能标签。

这张标签一贴出，我们这些成年人就强势地关上了沟通和理解的大门。

驯服小怪兽

我曾读过这样一个绘本故事：

从前，有一对快乐的情侣。有一天，邮递员给他们送来一个奇怪的包裹，拆开一看，里面是一个粉嫩嫩的婴儿，他是那么可爱，给他们的生活立刻增添了快乐。然而有一天，他们早上起床，发现他变成了一只好大的秃鹰，发出可怕的尖叫。接着，又是一天早上，他们起床发现他又变成了一头小象，在家里横冲直撞。再然后，他变成了一头小野猪，浑身泥巴在家里跑来跑去。接着是一只脾气暴躁的喷火龙……后来，他又变成一个怪里怪气、浑身长毛的小野人，再慢慢变成大野人。他们不知道该拿他怎么办，愁得头发都要变白了。可是突然有一天，这个大野人变成了一位斯文帅气又有礼貌的年轻人。

这个故事叫做“小怪兽”。

是的，你来到的这个世界，是由我们成年人掌控的。在我们眼里，你们在长成一个彬彬有礼的同类之前，恐怕都是“小怪兽”，是奇怪的小生物。

如果人类是大自然设计出的产品，容我抱怨一下这个产品设计的不合理之处：她让你们在生命的早期不会言语，因而好几年的时光，你们难以把感受和内心准确地讲述给成年人；她还让成年人忘掉自己的婴幼儿时代，让生命早期的记忆和体验，“像一座被掩埋的城市一样消失了”，以至于“当我们与孩子们一起重返这段时光时，我们就像陌生人，难以找到自己当年走过的路”。[*]或许因为这样，成年人确实难以理解孩子。即使我们当中的一些有心人费尽心机、用尽办法去寻找生命早期的秘密，也困难重重，而他们的所获，也还远不足以解开那些秘密。

其实，即便你们身处那些成年人还能记得的成长阶段，也未必就能获得成年人的理解。我们的脑袋里已经装满各种成见，在你们的各个生命阶段，对你们来说最自然不过的事情，在成年人眼里往往就是不可理喻、不合情理、无可容忍的。无论你们是一只叫声恐怖的秃鹰，还是一头横冲直撞的小象、浑身泥巴的小野猪，或是古怪的小野人，它们原本是生命成长不同阶段特有的模样，可却让多少成年人无法理解，拒绝接纳，丧失耐心，心生不满，甚至暴力相向。

秃鹰、小象、野猪、喷火龙或是小野人，这些都不是成年人喜欢和期望的样子，我们忙着驯服你们，抱怨、责备、说教、压制、操控，一心要让你们服从、听话、乖顺，变得跟我们一样“正常”。就因为你们“怪”，所以你们这样做是错的，那样做也不对。

在跟你相处了两年多之后，有一天爸爸若有所悟，说：“我们跟他根本不在一个频道上。”我想说这真是了不起的发现——

---

* 摘自美国儿童精神分析专家塞尔玛·弗雷伯格的《魔法岁月：0～6岁孩子的精神世界》（江兰译，浙江人民出版社出版）。

如果我们愿意承认，你们跟我们是奔驰在不同轨道上的生命列车，我们就不会认定只有我们是行进在正常、正确的道路上。

你们并不是“怪”，只是跟我们不同。

因为大脑在不断的发育中，你们的思维方式注定与我们相异。所以，虽然生活在同一个世界，但你们和我们对世界的看法多么不一样！好吧，或许你们的思维真的比较原始，在成年人看来不成熟，甚至可笑和不可理喻，但这并不意味着不值得尊重。是的，并不是只有当你长成一个彬彬有礼的年轻人、成了我们的同类才值得尊重，从你出生的那一天甚至更早，你就理应作为一个人，以你本然的模样被尊重，被包容，被理解，被接纳。

在我从小长大的乡村，人们世代信奉的是：孩子不打不成器，不压不服，而且要尽早压服。这无异于说，要趁你们像花苞一样柔弱，在你们绝对依赖着我们的时候，早早地摧毁你们的自我和意志，听命于我们。这种逻辑与对待一个奴隶是否有本质上的差异？当然，不同的是，它可以高扬着爱的旗帜，以爱你们的名义进行。

这样的信念，可绝不是一个村庄或某个地域的特产，它是漫长的过去之遗产，渗透在我们的养育文化和民族心理的深处。如今新一代的父母似乎都耻于再宣扬这样的论调，但并不意味着它已经消亡。它像一个图章，烙刻在我们内心深处，当我们与你们相处，它会自动运行。我们可能靠着理智的帮助放弃了对你们的暴打，但可能并没有放弃信奉“压服”，我们在不自觉中以各种看似文明得多的手段来达成目的，比如威胁：“你再这样我们都不喜欢你了”；比如惩罚：“你再不听话就不用吃晚饭了”；比如诱惑：“你要好好表现，我就买这个玩具给你”；比如说教：“好孩子可不会这么做，你要做个好孩子”；比如羞辱：“你怎么这么差劲”“你真烦人，我怎么会生出你这样的孩子！”……总而言之，你们得听我们的，唯其如此，你们才不“怪”，才是可爱的。

你看，千百年来不变的是，我们依然垄断着何为正确的裁判大权，也依然在弱小的你们面前倾向于把自己当成总是正确的上帝。

天知道，在漫长的时间长河里，“小怪兽”们屈从、驯服，人类究竟因此损失了什么？如果人类能理解和善待童年，又会怎样？

神秘深渊

当你还在我肚子里时，我曾听一个当上父亲不久的人感叹：书上说得可真准啊，孩子几个月会笑，几个月能竖抱，几个月能坐，几个月会爬，他的宝宝就是如此精准地一步步印证了这条生长路线图。我当时听了满心高兴，这给了我一种假象，仿佛关于新生命的成长，一切是可知、可控、有章可循的。是的，我们还将知道你多大开口说话，多大会进入青春期……但是，关于你的内心世界，关于你如何看待世界，我们又知道多少呢？

这可能是整个人类的困惑。人类对自己生命的认知，并不比对宇宙的认知多；人类认知自身，也未必比认知宇宙来得容易。无论我们如今积累了多少确凿或不确凿的关于你们的知识，总体而言，对于成年人来说，你们的心灵仍是一个“神秘的深渊”*。

比生你、养你更难的，是懂你。

由生命法则驱动着，一颗种子自会发芽，破土，长叶，抽枝，开花，结果；你也如种子，一天天自行生长。突然有一天，你听懂了“拜拜”也是再见的意思；突然有一天，你看到书里闹钟的图片，知道用小手“啊啊”地指一下墙上的挂钟；突然有一天，你捏着一只象棋说“ma”（一声），我一看，真的是“马”……我时常感叹和惊奇，你究竟悄悄地明白了多少东西呀！始终我都猜不透，你才一岁两个月，怎么就能从一大堆花花绿绿、铺得满地都是的绘本中，准确找到自己想看的那

* “神秘的深渊”这一说法，据儿童教育专家孙瑞雪在她的著述中称，是引自意大利教育家蒙台梭利。

人类对自己生命的认知，
并不比对宇宙的认知多；
人类认知自身，
也未必比认知宇宙来得容易。
无论我们如今积累了多少确凿或
不确凿的关于你们的知识，
总体而言，对于成年人来说，
你们的心灵仍是一个『神秘的深渊』。

本，或者找出我们让你去找的那本——我们只是报上书名，而你并不识字呀。

我现在相信，自你出生的那一刻起，甚至更早，你就开始一点点积累自己独特的生命体验，一点点构建自己的世界。你的世界一天天丰富、深邃，一定远远超出了我的感知和理解。

记得你一岁三个月，有一天你午睡醒来，到处找我。我正躲在书房工作，姥姥抱你进来。见到我，你并没有眼睛一亮扑进我怀里，反倒扭过脸去，伏在姥姥肩头“哇”的一声大哭起来，哭得上气不接下气。一岁五个月，有一天也是午睡醒来，你独自跑进书房来找我，到门口却站住了。我冲你笑，叫一声你的名字，朝你走过去。你回应给我一个笑脸，却没有向我扑过来，反而有些羞怯扭捏似的退到墙边，背贴着墙扭动着小身体。我走过去抱住你，亲亲你，觉得完全看不懂你。

但或许要到你一岁八个月，我才真正意识到你有着不容忽视的内在，你可并不是一个胖嘟嘟圆乎乎每天只顾吃喝拉撒睡的小宠物。

那是一个温暖的春日下午，我跟随你开始一场远行和探险。你先是拉着我的手爬上小区里一面小坡，绕过两株大树，下坡，穿过草地，走过一条几百米的步行道，又穿越一条车道，最后，你不期然地第一次把自己带到了地下车库的入口处。

原本一刻都不停歇的小人儿，此时居然一动不动地伫立在我身旁，拉着我的手，久久地盯着前方地面上张开的那个黑黢黢的神秘大口。半晌，“嗯嗯”两声，用手指指，要我陪你走进车库去。这个车库白天很少有车辆进出，我们牵着手顺车道边缘往下走。才走出几步，你忙不迭地用力拉着我往回走。

回到入口处，你又一声不吭地伫立着，久久地盯着那神秘的大口。又半晌，“啊啊”张开双臂，这次是要我抱着走进去。刚走了几步，你又焦急紧张地叫唤着要我往回走。我抱紧你说，不用怕，妈妈陪着你。但你拼命地扭动着身体阻止我再走下去，我们又回到了地面。

就在这个下午，在你安静而长久地注视那张大口，时间仿佛停顿下来出现空白的那一刻，我心里生出某种敬畏。我不知道当时你的内在正体验着什么、构建着什么，但我知道一定有些超出我理解的事情在发生。我所能做的，就是闭上嘴巴，安静地陪着你，不打扰、不破坏，让这一切发生。

必修课

你是我亲密的陌生人。

你从我的身体里孕育，有那么一段时间，我们俩仿佛是一体的，但自始至终，你的世界完全独立于我。从你嗷嗷待哺的那些日子开始，当无穷无尽的困惑到来，我就有了一个愿望，我想尽自己最大的努力去理解你的世界。因为，母爱并不必然伟大，有多少心灵伤害，也是假母爱之名；母爱并不全是滋养，有时也可能是枷锁。

我确实破获过一些疑难案件，但更多的时候我一筹莫展。刚才还好好的，怎么突然大声号啕了起来？明明是一桩"芝麻小事"，为什么暴跳如雷？那架漂亮崭新的滑梯难道不更好玩吗，你为什么非要蹲在这里没完没了地摸这根锈蚀的破水管？你在我怀里剧烈地扭动着身体，以一种奇怪的声音尖叫，究竟是什么意思？你昨天不还盼着去幼儿园吗，怎么今天突然大哭着死活不肯去了？……

我猜可能天底下的母亲们都遭遇过类似的困境。有位记者曾问一位享誉世界的儿童教育家和儿童心理学家："您在教育自己孩子的过程中也遇到过困难吗？"你猜这位母亲会怎么回答？就连她都说，"当然，每个孩子要想理解身边发生的一切都很困难，因为孩子诠释世界的方式非常奇特。在（我的孩子们）5 岁之前，我每天的必修课就是努力地理解孩子们的脑子里究竟在想些什么。"*

看来，我常常解不开你那些谜题，再正常不过了。但我仍

* 这位儿童心理学家是法国的弗朗索瓦兹·多尔多，这段问答转引自《理解孩子的语言：孩子的笑、哭泣和害怕》（〔法〕伊莎贝拉·费利奥沙著，黄君艳译，北京科学技术出版社出版）。

然愿意把你的每一场哭闹、每一次“反常”，都当作是你对我发出的邀请，邀请我去探访、理解你的世界。

你的哭喊，你“不可理喻”的行为，无论背后隐藏着什么，哪怕真的是恶意，是示威或操控，那也都是从你的世界发出的密电，等待我们去解读和破译。如果破译不了，解读不了，至少我们可以试着去尊重，不放弃倾听。

或许所有这些听起来似乎多少有些矫情，人们会说，当父母需要这么多讲究吗？过去的父母大多能让孩子吃饱穿暖就不错了，哪有更多的余力照看他们的心灵，可一代又一代的孩子照样像得到阳光和雨水的小树一样长大。想想看吧，人类已经繁衍了千百万年。想想看吧，我太婆生养了十三个儿女。

可我也读到过这样的论述：“最初的毫厘之差能够导致将来生活的谬之千里。尽管一个人在不适合他心灵成长的地方也可以长大成人，但是他本应该生活在一个与他心灵相和谐的乐园之中。”*

我想，生命还有别的可能；与新生命相处，也有别的可能。

---

* 摘自教育家蒙台梭利的《童年的秘密》（天津社会科学院出版社2010年出版）。

2. 不，不，不

我疑心，成年人心中很可能都住着一个或大或小的独裁者。对于你们自发、自主却不符合其期待的任何一次行动，这个独裁者差不多都会在第一时间条件反射式地说："不。"只有遭遇了抵抗、哭闹，或者经过理智的斟酌，出于某些考量，才谨慎地颁布一道许可："好吧。"

"啊，太脏了！"

一个夏日的傍晚，你要我带你去小区门外的小广场玩，那里散落着一些健身器材，还有摇着扇子消暑的人们。我看见豆豆被打扮得像一个小公主一样出现了，一身洁白的漂亮纱裙，一双白色的小凉鞋，蓬松的短发上还绑了一条粉色的发带，又纯洁又娇俏。

那时她两岁四个月，先是在广场上疯跑了一会儿，然后看中了一个健身器材上那只可以用手转动的圆盘，蹲下来，用力拨动它，洁白的裙摆就铺在了地上。那只黄色的圆盘因为被无数只脚踩过，纹路中嵌满黑腻腻的污垢。她的妈妈跟在身后，皱紧了眉头，愁得不知道该怎么办才好：

“哎呀，人家都是用脚踩的，你倒好，用手去弄！太脏了！脏死了！赶紧别弄了！你都已经洗过澡了……哎呀，别弄了！你看人家小哥哥就知道用脚，你就非用手……”

然而豆豆似乎完全被那脏兮兮的圆盘吸引住了，那对她一定是独特而迷人的体验，她一次又一次让它飞快转动，看上去根本没理睬妈妈的喋喋不休。

我听见自己心里不出声地笑了，我对这位妈妈是多么感同身受啊，我猜，在这样的时刻，想必像有一万只蚂蚁在抓挠她的内心——这种滋味我熟悉。

你快满一岁八个月时，我们俩曾一起读一本绘本。绘本里有个叫娜娜的小姑娘，跟妈妈（事实上，我不清楚究竟是妈妈还是爸爸，或是别的什么人，因为在这个孩子视角的纸上世界，作者没有绘出这位成人的头像。这里权且当是妈妈吧）牵着手，走在回家的路上。

路边突然出现了一摊积水，娜娜两眼放光，站住不动了。妈妈说：“现在我们得走了……”可是小姑娘说：“等一下……”

先是一只脚踩了进去，跟着另一只脚也踩了进去，“啪嗒、啪嗒”，黑绿色的污水水花四溅。再接着，两只小手也伸进了积水里。帽子从她火红色的头发上滑落，掉进水里，娜娜把它捞了出来，然后啊——天哪——竟然又戴回自己的头上！

看到黑绿色的水花四下飞溅，我感到自己的心像是被谁拧了一把，浑身皮肤发紧；再看到黑绿色的水珠断了线似的从小脑袋上往下滴，我简直头皮发炸，脑子里有个声音像气泡一样冒出来惨叫："啊，太脏了！"

可是，这个故事多么吸引你啊！你也像娜娜一样两眼放光，兴奋得咯咯笑。

我该怎么给你讲这个故事呢？这真是个难题！

或许我可以这样讲："哎哟，娜娜做坏事了！"或者："娜娜太不乖了！你要做好宝宝，可不要学娜娜。"然后，把这本书束之高阁，从此不让它再出现，免得它把你教"坏"。

可是，绘本里那位妈妈既没有大呼小叫，也没有喋喋不休，更没有声色俱厉地呵斥，她陪在一旁，让娜娜尽情玩了一会儿。然后，蹲下身，拧干那顶被脏水泡了的帽子，搂着那个从头到脚滴着黑绿色水珠的小家伙，问："现在，我们可以走了吗？"

这位妈妈展示了另一种可能，一个成年人可以怀有的理解与尊重，一个成年人可以采取的不同方式。

其实我完全理解，成年人司空见惯、习以为常的一切，对你们而言却是新奇和未知的，吸引着你们如饥似渴地去体验、去探索。我猜，你们难以抵御这种强劲的生命冲动，大概就像人类无法抵御地球重力一样。你们要啃、要咬、要摸、要抓、要扔、要爬、要跑……总之以你们自己的研究方式，来认知世界，享受乐趣，并从中构建自我。真的，那地上的一摊积水，很可能比我们买给你们最昂贵的玩具更有价值、更好玩，只是有点“脏”而已。可是，脏？你们的世界里可没有这个词。我得承认，在这件事上，你们跟我们有着多么迥异的价值观和不同的生命需求。

你看，我从理智上完全拥抱这些道理。可是，那皮肤发紧、头皮发炸的感觉和内心惨叫的声音又是什么？再比如，大雨过后我们去散步，你对路边那新鲜而湿软的泥土满怀好奇，兴奋地又抠又抓，为什么我的手会闪电般地伸出去，一把揪住你的小手？如果此时你短胖的手指上已然沾满黑泥巴，为什么那一刻我烦躁懊恼？再早些时候，那时你还只会爬，有一次我在草地上铺一张垫子，竟然还期望你能斯斯文文地待在上面玩，而你当然迫不及待地爬向垫子外的世界，为什么我会忍不住要把你抱回垫子上？

我们内心的秘密禁令

现在我知道了，豆豆的妈妈和我，我们内心里都暗暗运行着一道秘密禁令："脏，不能碰！"

我在乡村长大。小时候，趴在泥地上跟小伙伴玩弹珠，全神贯注，那是天底下最快乐的时光之一。浑身每个细胞都充盈着快乐，没有一个细胞会意识到"脏"。我们用手指在松软的泥地上抠出一个洞，或者，光着脚丫，脚跟用力抵住泥地，身体旋转两圈，地上就有了一个刚刚好的圆洞。我们把沾着泥巴的玻璃珠宝贝似的揣在口袋里。夏天，我们在池塘里长满青苔的石头下摸螺蛳，站在水渠的烂泥里抓螃蟹，乌黑冰凉的烂泥从光脚丫的脚趾缝里挤出来，再漫过脚背，我们乐不可支。

记得我上小学时还敢赤手抓田鸡，在野地里看见田鸡蹦跳，就屏息凝神，悄悄靠近，将手掌微拱，扑过去一把将它罩在掌下，然后捏住，兴奋地欢呼。可是慢慢长大，突然有一天我意识到，我再也不敢抓田鸡了，光是想象一下我的手将碰到那黏滑、"脏兮兮"的皮肤，就几乎有种条件反射式的厌恶感——是的，我开始讨厌弄"脏"自己的手了。

我不知道这个变化是怎么发生的。是因为我慢慢留意到了大人们眼神里、言谈中对"脏"的嫌恶吗？大人们说，体面人都打扮得干干净净，泥腿子才脏呢。"脏"是文明、优雅、精致、优越、美好、漂亮等等一切的反义词，总之，"脏"是不体面的。人们都羡慕城里人能伸出一双白白净净的手，而整天在地里劳作，浑身沾满泥巴，指甲缝黑黑的，那是"低等"的人生。或者，也可能是别的什么原因？

真是有趣啊，人类千百万年来栖身于土地，是从什么时候起，我们开始以“脏”的名义嫌恶土地、泥巴、泥土、泥地了呢？在我现在生活的城市，有多少孩子不被允许玩泥巴？当他们想要一屁股坐到地上，或者试图将小手伸向泥地，很可能阻碍重重，会有一双大手把他们直接从现场拎走，耳边响起唠叨或训诫，说不定小手上还可能挨上一下子，好叫他们长点记性。

大人们需要自己的小宝贝整整齐齐、干干净净、斯斯文文，远离“脏”东西，仿佛这样才正常、正确。豆豆那身洁白的衣裙，透露的或许正是她妈妈这样的期望。

可这显然不是你们的需求。自从读过那本绘本，你在路上看到积水，无论是清亮的，还是乌黑的，都会大喊：“娜娜！娜娜！”那是你当时能运用的极其有限的词汇之一。我要不要停住脚，让你也像娜娜一样玩上一会儿？这可真叫我为难。

“脏，不能碰！”你知道，在你一次又一次将类似难题抛给我之前，在你屡次三番触碰或说挑战我内心这道秘密禁令之前，我从未察觉到它，自然也就从未考察过它是否合理——是啊，真的不能碰吗？非如此不可吗？

其实，让你痛快地玩一玩脏水，又能有什么了不得的后果呢？大不了就是狼狈地抱一只小泥猴回家，放进澡盆，剥下一堆需要清洗的衣袜鞋裤。再说，这又有什么狼狈的呢？相比而言，呵护你的好奇心和探索欲，让你感到这个世界是值得探索的，而且你的自主探索是被信任、被鼓励的，这难道不更重要?

成年人该做的或许不是大规模封杀“脏”东西，而是在你们玩够脏东西之后，及时帮助你们清洗。就像那个傍晚，豆豆需要的，或许不是被打扮得像个小公主一样展现于人前，而是一身耐脏的、更适于她四处探索的衣服；不是被洗得干干净净后才带出来散步，而是等她尽情玩乐之后再带回去洗干净。你们需要的不是我们的禁令，而是帮助，是成年人的灵活解决方案。

我想我可以不说“不”。

起初，你把双手摁进一小摊黑乎乎的路边积水，然后眉开眼笑地“啪嗒啪嗒”拍打，招来邻居的惊叫:“哎呀，太脏了！快把他抱走！”其实那一刻我也忍不住头皮发紧，但我试着不加阻止。后来，小区里浇花浇树的水管漏出一大片水，你欢蹦乱跳，踩来踩去，溅湿了裤腿；两只手拍拍水，再抹抹脸，小脸蛋立刻花了。我又觉得心像是被谁拧了一把，可我忍着不把你抱走。

再后来，初夏下了一场大雨，你冲进一潭积水，水没到小腿。一岁九个月的小人儿，小心翼翼、郑重其事又新鲜惊奇地蹚过来、蹚过去。这可是你生命中的第一次，说不定在你看来真是一场伟大的探索呢。我在一旁守着，看着沉积的泥沙因为你的搅动泛上来，一片混沌，感到一万只蚂蚁抓挠着内心。接着，你猜怎么样？慢慢地，我发现自己竟释然、淡定起来了。

既然关于“脏”这件事，我们双方有着迥异的价值观和不同的生命需求，那么或许我可以试着不以自身的信念，去约束你、强加于你。我可以试着与自己和解，而不是与你来一场意志的对抗和较量。

于我，那真是突破的一刻。自那天以后，当你再去玩泥水、踩烂泥、趴在地上、捡脏东西、玩稀粥……我就常常能处变不惊了。

再再后来，又过了一长段时间，你上了幼儿园。有一天，家长们看到一张照片：小朋友们在郊野公园里玩，你们那位四十多岁的女园长，正手脚着地、撅着屁股，跟你们一起在地上爬！那一刻我问自己：我会这么干吗？答案很明显，不会。我意识到，当你玩着泥或玩着沙或玩着水的时候，我虽然陪在一旁，但我的手很可能插在兜里，我在下意识地尽量让它们保持干净。

所以你看，秘密禁令这东西，它其实首先限制着我自己的生命体验，让我在生活中不自觉间剔除掉了许多可能和乐趣——至少，当我陪你玩的时候，很可能我因此无法更加走近你。而如果我察觉不到它的话，它还会偷偷左右着我去限制你的生命体验。就好像，我认同了一条绳索对我的绑缚，然后便不假思索地拿着这条绳索去绑缚你。而这绳索，很可能一代一代地传递。

在与你相处的这些时间，我看到自己内心的秘密禁令，又何止“脏”这一道？它们会以各种面目出现。

小小探险家

在生命最初的几个月，你多少有点像一只圈养的小宠物。那时我们多半只操心你的哺喂、排泄以及一天睡上几觉。我们把你抱着怀里，放在推车里，让你躺在小床上或者花花绿绿的游戏垫上……总之，让你待在我们想让你待的地方，把你打扮得干净、可爱，散发着奶香。

后来有一天，你会翻滚了，三两下就逃离了我们让你待的地方（当然并不远）。你的小手变得灵活，去够一切能够到的东西，塞进自己嘴里。再后来，你会爬了，手脚并用，从这个角落爬到那个角落。大概是从这时开始，你成了一个真正的探险家，勇往直前，毫无畏惧。等到你像我们的祖先一样最终学会直立行走，世界就成了更加广袤的探索之地。

有位儿童心理学家这样呈现你们的世界：

大概是从这时开始，
你成了一个真正的探险家，
勇往直前，毫无畏惧。
等到你像我们的祖先一样
最终学会直立行走，
世界就成了更加广袤的探索之地。

婴儿不知疲倦地进行自己的探索。他陶醉于自己新发现的世界，贪婪地用自己的每个感觉器官去感受这个世界。他惊叹于用手指捏起的一缕灰尘。一片玻璃纸、一张废弃的锡箔纸、一截缎带都会让他兴高采烈。他着迷于厨房的碗柜，寻找藏在抽屉、废纸篓和垃圾箱里的“宝贝”。这种对探索的渴望就像是无法满足的欲望无情地驱使着他。他疲惫至极但又无法停止。这种对感觉经验的渴望，就像他出生后头几个月肚子饥饿时对食物的渴望一样强烈而贪婪。*

于是，小可爱突然变成一头闯进瓷器店的大象，让大人们惊慌。

你摇摇摆摆走进卫生间，一眨眼，已经把一双小手伸进了马桶。你拖着沾满尘屑的扫把或者湿漉漉的拖把满屋子走，最后把它们带到你堆满玩具的游戏垫上。你从我们手里抢过喂食的勺子，笨拙而执拗地抓着它，非要伸进盛着稀粥的小碗里，你打算自己来试试，当然洒得到处都是，紧接着你用小手抓一把稀粥抹到脸上身上，乐得咯咯笑。你把奶瓶倒立过来，看着奶汁断了线地滴下来，小脸蛋笑成一朵花。我给你买了一种“太空沙”，天真地以为你会在沙盘里玩，但你很快就把

* 引自美国儿童精神分析专家塞尔玛·弗雷伯格所著《魔法岁月：0～6岁孩子的精神世界》（江兰译，浙江人民出版社出版）。

它们撒进了沙发、游戏垫的缝隙、书架……我买了画板供你涂鸦，你抓起画笔就先塞进嘴里嚼一嚼，发现味道不怎么样再吐出来。你在沙发上画两笔，在玩具上画两笔，又到我身上画两笔，在自己的脑袋上再画两笔。还有那么两次，我们大惊失色地从你嘴里抠出一块沾满黑泥的小石头……

成人世界安稳井然的秩序，遭遇了突如其来的挑战和冲击，一天之中，我们可能无数次在你身后叫着："不行！""不可以！""不许动！""不要碰！"

我们可能或惊恐或不耐烦地嚷嚷："啊呀，又搞破坏啦！"还可能焦虑地喊着："别乱跑！""别乱动！"

——你看，"破坏"，"乱"跑，"乱"动，我们常常就是这样下意识地定义你们的探索。

"独立宣言"

其实我一早就意识到，看上去迷糊懵懂的小人儿，欲求是清晰而强烈的。就好像你八个月大时，还没法自己行走，只能让我们抱着，可如果想去某个地方，就拼命将身体拧向那个方向，"嗯嗯"着，指挥我们这些抱你的人。

再早一些，你三个多月大，大多数时候还只能躺在我们的臂弯里，偶尔竖抱。有一天，你大概饿了，哼哼唧唧，我于是抱着你从客厅向卧室走去，一踏进卧室的门，你立刻安静下来，想必知道我马上就会靠在床头喂奶了。可这时我凑巧又返回客厅要去拿样东西，你当即哭了起来。这可真叫我惊奇，我决心试你一试。我重又踏进卧室的门，你又立刻安静了；我再返身，你又哭了。如此反复几次，屡试不爽。你那时来到这个陌生世界才100天左右，每天醒着的时间多半也只是仰天躺着，却已经能够分辨空间（是通过天花板和光影的变化吗？），明确地告诉我你想要什么、不要什么。

不过，或许要等到学会说“要”和“不要”这两个厉害的词，你才真正开始对这个世界发表你的“独立宣言”。

有段时间，我们俩之间的对话类似这样：

“慢慢跑！”当你试图一路飞奔，两条短腿还不那么利索地倒换、一跳一跳地跑着，我在后面喊。

你头也不回，说：“慢慢不要，快快要！”

“快快的话容易摔倒。”

“摔倒要！”

“摔疼了你会哭的。”

“哭要！”

或者，马上快满两岁的小人儿想要冲进雨里去，我说：“不要淋雨！”

“淋雨要！”小脸蛋上很郑重的神色。

“淋了雨会感冒的。”

“感冒要！”

“感冒了有可能要去打针哦。”

“打针要！”

你还宣布了对成人世界某些规范的挑战：尿尿为什么一定要尿到纸尿裤或者小马桶里？“尿地下要！”你说。洗手的时候，拧开水龙头，看见水哗哗响着流进洗手池，然后就不见了，你会说：“（水流到）地下要！”吃饭为什么要坐在餐椅上？你力争：“地下开饭要！”有一天午睡，你宣称：“地下睡觉要！”

香软的小可爱似乎变成了一个棘手的“异议分子”。

“独裁者”

我们内心里的“独裁者”于是显形了。

我疑心，成年人心中很可能都住着一个或大或小的独裁者，不同程度地暗暗期待着它的小宝贝最好总是安安静静，去任何大人想让他去的地方，不乱跑、不乱动、不打扰、不抗议，总之不制造各种意外，整天衣裤干干净净，听话、顺从、乖巧，像一个可以随身便携的可爱极了的布娃娃。

这个独裁者渴望一切都在它的掌控中。对于你们自发、自主却不符合期待的任何一次行动，这个独裁者差不多都在第一时间条件反射式地说："不。"只有遭遇了抵抗、哭闹，或者经过理智的斟酌，出于某些考量，才谨慎地颁布一道许可："好吧。"

有一天我若有所悟，为什么我们的反应不是下述这种呢：相信生命自有其法则，你们的自发自主行动，都出于生命成长需求的强烈驱动；也相信你们显然比我们更了解你们自己真正需要什么，因而对于你们的行动，我们第一时间条件反射式地回应说："好的。"只有经过理智的斟酌，鉴于某些必须考虑的因素，才审慎地颁布一道禁令："不。"

异议者的世界

其实成年人大多看不见"异议者"的世界。

前面说过的那位儿童心理学家曾经连续三个星期观察一位18个月大的小姑娘，看她如何"降伏"一辆顽固的茶点车。我决定将她的观察原文抄录如下*：

她能够爬上茶点车底层的置物架，但当她这样做的时候，茶点车就会不听话地滑走。经过几天徒劳的尝试后，她终

* 这是美国儿童精神分析专家塞尔玛·弗雷伯格的观察，摘自她的《魔法岁月：0～6岁孩子的精神世界》（江兰译，浙江人民出版社出版）。

于学会了怎样从木质滑轮的后面而不是前面控制茶点车。现在，她爬上去了，但怎么下来呢？底层的置物架到地面的距离太高，她不能从上面爬下来，如果由别人帮她下来又会伤她的自尊。她用自己的方式下来时，经常会把脸磕在地上。但她一天要专注而坚决地玩这辆茶点车好几次。在她开始爬上茶点车的下层置物架时，她轻轻地抽泣着，我们觉得她已经预料到从上面爬下来的危险，以及会不可避免地把脸磕在地上。成年人看着她这样时心里很难受，父母试图阻拦她，吸引她去做其他活动。但如果有人要干涉她，她会大声抗议，她一定要去做。三个星期以后，她摸索出倒退着爬下来的技巧——把爬上茶点车的方法反过来用。成功之后，她高兴得咯咯地笑，然后在接下来的好几天里反复练习爬进爬出，直到熟练掌握。

从此，她开始了更大胆的行为，爬上楼梯的几级台阶，然后再多几级，更多些，直到玩腻了楼梯为止。她弄翻各种椅子，那些摇摇欲坠、砸在她身上的东西丝毫不能让她气馁。爬行和爬向高处的冲动是如此强烈，似乎没有任何障碍或意外事故可以阻止她。

如果不是透过这位儿童心理学家的眼睛，我，你的妈妈，你最亲近、最依恋的人，尽管与你朝夕相处，愿意用最大的爱意去呵护和养育你，却恐怕无法理解，那些在我们看来毫无意义甚至“捣蛋”“添乱”“破坏”的行动，在你们很可能是生命的壮举。你们清楚自己需要什么，并为此投入巨大的专注和意志力。

生命自有其智慧。

我自问，如果玩这辆茶点车的不是这个小姑娘，而是你，会发生什么？噢，我恐怕得承认，在我理解这些道理之前，你的这项探索和征服很可能进行不下去。我可能一次次把你抱下来，或者让这辆茶点车从你的视野中消失，或者……总之有各种办法。你看那个小姑娘也需要抗议才争得了进行下去的机会，但好在，她的异议得到了尊重，而不是招致限制升级，甚或训斥、责骂乃至镇压。

我还得承认，即便我接受了这些道理，也并不意味着，你的这项探索工程就能顺利进行下去，因为那位住在我们心里的独裁者，说起“不”来通常可都是不假思索、不知不觉的。

与“独裁者”商榷

你一岁半左右，我辞了工作，一长段时间里，得以成天在家陪伴你，带你散步、陪你玩。有位朋友好奇地问我，都陪你玩些什么呢？我只好承认，我既没能想出什么富有创意、开发智力的玩法，也没有执行什么早教培养计划，而是费劲地一次次跟我心里那位独裁者纠缠、商榷。记得有一次我向一位朋友哀叹：要让自己尽可能少地对你说“不”，真的好难！

其实这个独裁者发布的种种看似非如此不可的禁令，大多不妨加以有意识的推敲和辨识。比如“脏”。又比如“危险”——我们以“危险”为理由对你做出的限制，究竟是出于真正的危险，还是只是出于我们自身不必要的焦虑？

如果你试图把胖乎乎的小手伸进电扇的防护罩去摸飞速旋转的风叶，或者毫不犹豫地朝着一辆疾驰而来的汽车飞奔过去，或者试图将手指捅进电源的插孔里去……我会把这些看作真正的危险，第一时间大惊失色加以阻止。

但如果你把小手伸向多刺的芦荟、仙人掌和月季，或是牙签、缝衣针、玻璃碎片，那我或许可以克制着内心升腾起的紧张和焦虑，来帮助你，让你的小手靠近、触碰，感受那锐利的尖端，哪怕真的被扎一下。如果你想对那只“哧哧”叫着烧开了水的热水壶作一番研究，我也可以帮助你，握着你的小手隔一段距离去感受那蒸腾而上的水汽，或者哪怕就让你用手指去碰一下那发烫的外壳。

你知道，有一次我没有阻止你去摸刚关了火的炉灶；还有一次，我没有阻止你用两只手指去捏生日蜡烛上的一豆火苗——我得承认，事实上是我没来得及阻止。出于生物的本能，你闪电般地缩回了手，哭了两嗓子，却并没有受伤。那一刻，我相信，关于火、关于烫，你一定有了自己的见解；而我也增进了对“危险”的某些理解。

有时候，你沿着斜坡跌跌撞撞跑下去，我下意识地想拉住你，但你扭动着身体想挣开，要自己来。我于是放手。看着那两条短腿飞快地倒换着，我知道很可能某一刻它们出点岔子，你就跌倒了。但我对自己说，或许你应该拥有跌倒的机会——只要不至于跌得太惨。我甚至想，如果哪天我明明看到你前方有一堵墙，而你又满心好奇，不理会我的提醒，执意要撞过去，或许我也可以不让自己在你身后唠叨个不停，或下达一个断然的禁令，因为撞墙不也是你认知这个世界的一种方式吗？你人生的经验完全可以包含撞墙的经验，而且某种意义上，只有当你亲身体验过，经验才真正属于你自己。

我们内心的独裁者常常误以为，倘若它不发布各种“不”的禁令，你们这些小动物就会不知进退、不知行止。它难以理解，其实多数时候你们行动的边界该由你们自己去探索、建立，而不是由我们不停地从外部强加和设定。

就好像有段时间，你喜欢用手抓着吃饭，即便汤汤水水也要用手在里头捞啊捞，于是某些时刻，一种迫切的焦虑就浮了出来，仿佛此刻我若不加阻止，你今后就再也不会用勺子吃饭了。然而事实是，等你玩够了用手进食，自然而然转而对勺子产生了兴趣。

又好像，当我不阻拦你玩路边的积水，家里人就生出一种焦虑，担心你从此会一直一直玩下去。最初几次踩踏积水时，你确实一点儿也不介意弄湿鞋子。可后来有一次，你跟我说:“妈妈，不舒服。”想了想，又说:“把鞋脱掉。”我心里的独裁者第一反应想说:“不行！会扎疼脚的！”但我忍住。于是我们俩在邻居们惊奇的目光中拎着湿鞋走回了家。想必那一次你一定了解到湿鞋和光脚走路的滋味并不美妙，因为此后，见到积水，你会主动避开了。

两岁半以后，有大约半年时间，你痴迷于骑小三轮车，感受地面的坑洼凹凸、高低起伏。隔壁小区有座小拱桥，你一遍遍无数次从那里经过。我按捺住自己，从旁观察。起初，下桥的时候，你会先下车，然后一推，让车自行滑下去；后来，你试着骑车下桥，自己用脚当刹车；再后来，你就敢直接冲下去体验那一瞬的速度感。有一次，我看你故意骑着车从两块高出地面的平台下来，它们的高度可能也就相差两三公分，可叫我惊奇的是，从高的平台下来时，你下车，小心翼翼地将车推下来；而低的那块，就毫不犹豫“咯噔”一声骑下来。在我看来，这正是你在自行探索、设定行动的边界。

无数次，我需要跟内心的焦虑和解，而不是由那些焦虑驱使着去听命于那位“独裁者”。它可看不到这些，只是一味隐秘地渴望消除一切可能的“失控”，真的会为了免于你们摔倒，就干脆不让你们奔跑——我总能看到一些成年人就是这么干的。

有一天，你用小手嘭嘭地拍着客厅落地窗户的玻璃，像是有了新发现，咧开嘴兴奋地笑。但这让爸爸不由自主地紧张，他远远地喊："不要拍！玻璃会碎的，危险！"我在一旁忍不住替你抗议："两岁一个月大的孩子，怎么可能用手把窗户玻璃拍碎？"

可是爸爸申辩："现在不阻止他拍窗户，那以后如果他用榔头敲窗户怎么办？"

我反驳说："我们完全可以到时帮助他分辨清楚，用手拍窗户并不危险，用榔头敲窗户才危险。你不能因为担心他将来有一天可能会用榔头敲窗户，就禁止他现在用手拍窗户。"

你看，我们心里的独裁者还可能有着像这样滥用限制的喜好，因为忧虑于未来某个未必会存在的可能，就断然否决当下——而这，往往也是我们内心秘密禁令的众多呈现面目之一种。

不过也正是爸爸，在你一岁五个月大时，唯有他会支持你独自攀爬滑梯。我们从朋友家拿回一架二手小滑梯，你跃跃欲试。那时距离你独自迈出人生的第一步才三个月，你还走得摇摇晃晃，有些蹒跚呢。爸爸却告诉你，这只脚先踩这儿，那只脚放那儿，然后用力，上去了！就这么试了两三次，你居然真的能自己上下滑梯了！不久，一岁半过后，你就能在小区里的组合大滑梯上独自上下。先是从最容易的台阶爬上去，再是从几根铁管编成的梯子爬上去，然后是从最难的网格状绳索攀爬上去。突然跌滚下来的事故一次也没有发生。

这一系列的探索基本都是在爸爸陪护的时候实现的，而不是我。你知道，你最开始想要自己爬那架小滑梯的时候，我是怎么做的？我一把将你抱起，直接放到了滑梯上——是的，我不假思索地对你表达了不信任。

你看，替代或包办也是说“不”的一种方式，它的潜台词是，因为担心你做不到、做不好，因为想要可控，于是，“我不能让你自己来”，“我来替你做”。

我猜，在你们的世界里，我们这些成年人大概都是强有力、无所不能的巨人吧？可巨人们内心埋伏着众多秘密禁令，各怀各的焦虑，在你们的成长之路上，究竟有心无心地强加了多少不必要的“不”？每一声“不”，是否都可能在宣布：你们的自发自主探索不受欢迎？每一声“不”，是否都可能是对你们刚刚萌发的自主意识的一记否定和打击？

我怀疑，与对外在世界的艰难探索相比，你们在遭受了巨人们种种成见、阻挠、控制、驯服之后，幼小的自我若还能蓬勃旺盛地生长，那或许是一场更艰难的征程。

照见自己

我一直相信，自由是我能给你的最好的爱。

一说“自由”，人们总会急着想到“界限”。可大人们常常没能意识到，设定界限，其实首先该是对成年人自己，而不是急着拿去限制你们。我们于你们而言如此强大，因而才有必要提醒自己小心地、努力地别让自己庞大的身躯不必要地挡住你们。

我曾经郑重其事在心里订立过一部“宪法”，从理智上约束我——你身边最亲近的巨人——不得随意干涉和限制你的探索行动，只要你不妨害他人的利益，不严重伤害你自己的人身安全与健康。

比如，你没有撞车的权利，但可以有撞墙的权利。你可以尝尝淋雨的滋味，当然事后我会帮你泡个热水澡、喝杯热奶，如果真的感冒，也是因此支付的可以承受的代价。你可以玩路边的积水，但如果会溅到别人身上，那么我们就需要协商一个两全的办法。

这么想着，边界似乎明晰了。然而现实远比这复杂，你永远能让我陷入困惑。

你抓起几块煮熟的胡萝卜，专心致志地摁扁、压碎，接着小手一挥，把碎末扫到地上，然后抬起头咬着手指得意地笑，觉得这是一桩顶好玩的事，我不会说不，更不会生气地嚷嚷。可是你抓起一碗粥或一大杯奶，也打算将它们一把扫落在地，我能不能接受？

你把颜料弄得满手满脸，又在我胳膊上涂了几笔，还把桌子弄得花花绿绿，这都没问题，可接着你打算去墙上涂鸦，那上面可贴着清爽好看的新壁纸呢，怎么办？

我不阻止你玩路边的积水，可你对马桶里的水也充满了好奇，总打它的主意。我曾在作家龙应台的书中注意到一幅插图，她年幼的儿子将玩具小车一辆一辆投进马桶，再一辆一辆捞出来。拍下那帧照片的人，是孩子的父亲；如果是我，又会怎么办？……

都是诸如此类填满我们生活的小事情。自由的边界就是这样在日常中一桩桩一件件地界定。有时我不禁慨叹，这条界线的勘定，可真不比两个国家之间领土边界的勘定来得容易。它需要在你我意志的每一次碰撞中去探索，在你的欲望、需求与我们的利益和感受之间寻求平衡，在诸多的模糊地带里寻找出路。

我得承认，我没法接受你将一碗粥或一杯奶打翻在地，这在你的角度当然很有趣，可那一刻这种规模的狼藉会带给我强烈的焦虑。如果我对墙纸的外观并不在意，甚至觉得上面来点线条和色彩，还可能别具风格，那我会不但包容甚至欣赏你的涂鸦，可真是遗憾，那一刻我确确实实只想让它保持崭新整洁。至于玩马桶里的水，理智上我知道只是需要一些清洗工作而已，可是啊可是，“马桶”在我内心里一瞬间激起的嫌恶和惊骇，真的强烈到我无法克制……

渐渐地我意识到，这条边界并不完全由理智来划定，更重要的或许在于，我能多大程度上与自己和解。当我的“独裁者”第一时间想喊“不”，我唯有尽力试着让自己停一下，稍稍等一等，探看一下它为什么说“不”，是否可以不说“不”。

有时候，我确实有自己的感受和利益需要被尊重、被满足——我也是你的“他人”。而更多时候，我们想颁出的“不”，并不像我们自己以为的那样理直气壮、天经地义，它们很可能来自我们自身各种未经推敲的限制性信念，出于我们内心某些过度的焦虑，来自我们对掌控和权威的渴望，或者，来自我们对他人眼光的在意，下意识地期待你们表现得乖巧得体，免得遭到他人评判，甚至还可能是因别的缘由引发的低落情绪，不自知地在你们身上寻找出口……

其实我的内心又何尝不是一个神秘深渊？那里萦绕着由各式各样的执念、焦虑和恐惧纠缠而成的迷雾，我需要智慧来看见它、穿透它。

在我陪伴你的时间里，你的探索史，或许也可以说是你与我的碰撞史。每碰撞一次，就有照见一次的可能。说到底，从我嘴里说出的那些“不不不”，某种意义上，不正呈现着我自己的生命状态吗？

你知道生养你最意想不到的部分是什么？是有一天我意识到你像一面镜子，让我看见之前从未见过的自己。我知道我的所见一定非常有限，但至少我从而得知，原来我并不曾真的认识自己。

在怀孕之前，我做好心理准备，知道你一定会领着我走向未知。我完全不曾预料的是，你会牵着我的手，引我走向自己。

穿越焦虑

我怀疑，如果把我们内心里那位“独裁者”严厉、断然、霸道的伪装撕下来，里面藏着的恐怕是一个担惊受怕的孩子，她觉得她的世界里布满沟堑和凶险，每遇一道沟堑，她踌躇、犹疑、紧张、害怕，她不敢抬脚，生怕会有什么不可承受的后果。然而你以你的方式，伸出手，告诉她：跨过来吧，没关系的！

真的吗？真的没关系？

这一路上你拉着她跨过了许多沟堑，真的没关系。那些沟堑看着各有各的“凶”相，有的甚至看似不可跨越。

你知道，你快满两岁半的一天下午，先是一支接一支把

你知道生养你最意想不到的
部分是什么？
是有一天我意识到你像一面镜子，
让我看见之前从未见过的自己。
我知道我的所见一定非常有限，
但至少我从而得知，
原来我并不曾真的认识自己。

买回来的四支棒棒糖吃了；过了一会儿，又把家里的白糖罐找出来，用勺子一勺一勺舀着吃；到晚上，你要在面包上抹厚厚的果酱来吃，先来蓝莓果酱，再来草莓果酱，干脆不要面包了，直接吃果酱吧；再接着，你还想喝一大碗甜甜的冰糖梨水。那一天，我仿佛看到了洪水猛兽。

我猜，糖大概是魔鬼的创造，天底下没有一个孩子能抵挡它的诱惑。在一岁之前，我从不在你的食物中添加糖，你也全然不知世上还有糖这种东西；但我知道，总有一天，你会发现它。后来，我把买回的糖果放在你够不着的柜子里，当你想吃的时候，我拿出一支两支；但我也知道，总有一天，你会有能力找到它们。

要不了多久，你就发现了超市和便利店。天哪，那简直就是一个天大的宝藏！货架上摆满了糖果，闪着诱人的光；哦，还有食品工业造出的五颜六色、花里胡哨的零食，靠糖和人工香精伪造出各种香甜迷人的滋味——这大概是魔鬼的另一项创造。

对于它们，我们满腹忧虑：吃多了会长蛀牙的；会因此吃不下正餐的；会不会从此就嫌饭菜清淡寡味，不好好吃饭了？会不会影响身体健康和生长？……这些看起来都是现实的后果，但后来我想，这些忧虑其实多半都暗含一个前提：只要我们不施以节制，你们就会“纵欲无度”。

说到底，是我们不信任欲望。我们害怕欲望。我们害怕如果不筑以堤坝，欲望会像洪水泛滥。

很可能，我们内心里那个受惊的孩子，就曾经因为升腾起的欲望而被训诫、被抑制、被嘲笑、被羞辱，曾经有过为争取一份满足，哇哇大哭而不得的挫败。总之，她慢慢习得，欲望是个坏东西，欲望不是用来满足的，是要用来节制的。于是，当你们天然的欲望在她面前升起、呈现，她第一时间感到惊惧，要去抑制、打压。

当我察觉到这些，我决心面对这份惊惧，不筑任何堤坝。我让自己当一个从旁观察的人，看看会发生什么。

我把家里的糖果和零食，放在你触手可及的地方。你想吃多少，想什么时候吃，一概不干涉、不反对。

两岁十个月，你在一家商场发现了几乎整整一面“糖果墙”，整排架子上一格一格盛满各色糖果。你瞪大了眼睛。我听到自己脑子“嗡”地一响，心里叫一声“完了”。但我把小铲子递给你，说:“你想买哪种就自己挑吧。”我拿着一只纸袋，像随从一样跟在你后面，好让你把挑中的糖果倒进来。你踮着脚尖从架子这头移到那头，“要买这个！”“再买点这种！”“妈妈，这里还有像动物一样的软糖！”……每一句都是欲望的一声欢呼。

你从左到右、从上到下，不放过每一格，来回挑选了好几遍。最后，你把铲子递回给我，说:“好了，够了。”

我又一次惊讶了。几十种糖果，你挑中的只是其中几种；我原本以为你会买满满一纸袋，说不定还不够，可你挑好的只是在袋底薄薄铺了一层，大约六分之一袋吧。

你宝贝似的把这只纸袋一路捂到家。然后，守着它，坐在沙发上，安静地、专心地开始品尝这些美味，半晌发出一声满足的感叹："妈妈，我从来没有吃过这么漂亮的糖果呢！"就连尿尿也要带着糖果一起去。

这是多么真实的快乐，闪亮、跳跃、充盈。只不过，我们常常倾向于认为这种快乐毫无意义罢了。

这些糖果你吃了几天才吃光。欲望最富张力、最"疯狂"的第一天，吃得最多；第二天迅速减半，第三天再大大削减。第四、第五天，你几乎都快把它们遗忘了。我观察到，类似的情况发生在棒棒糖、饼干、薯片、小馒头、果冻等各种好吃的身上，对了，还有你由衷赞叹"太好吃了"的冰激凌。

吃得最多的那一天，确实会影响一顿两顿正餐，但之后就会补回来，你也并没有因此嫌弃饭菜。至于牙齿，就多费点事做做漱口、刷牙、涂氟之类的防护吧。

我在客厅专门放置一张小矮桌，供你摆放、由你管理你自己挑选购买的各种零食。桌上总是满满当当，因为你对这些零食常常浅尝辄止，接着就把它们淡忘了。一个欲望升起，你结结实实地拥抱它，满足它，体验它，释放它，然后就不再执着于它了。

我作为旁观者感到惊叹：你并没有如我之前设想会“贪得无厌”，你知止、有度。

欲望没有像洪水，而是像一条自然流淌的溪流。或许它本来就是一条自在的溪流。

你可以无须因欲望的溪流被人为的堤坝阻拦而纠结、挣扎、争斗，耗费心力；你可以无须惧怕、否定欲望，因而耻于产生欲望；你可以无须羞于满足欲望。我甚至想，兴许，这世间本就没有无度的欲望，只有被扭曲的欲望。

这不仅仅是一个关于糖果和零食的故事，它给了我许多启示。

你看，你以你的方式，伸出手，告诉那个惊惧犹疑的孩子：跨过来吧，没关系的！

她忐忑不安地跨过了这道看似不可逾越的沟堑，嘿，真的，也没什么嘛。就这样，面对这个世界，她一点点开始变得放松了；更重要的是，她知道了，面对这个世界，她可以放松。

3. 你应该

成年人对你们喋喋不休着各式各样的“你应该”，它们或粗暴，或温婉。我们以为它们是在表达关爱，其实何尝不是在变相地宣布：你们错了，我们才对。

“镜子时刻”

“你应该”是“不不不”的孪生。

它们也大批大批地潜伏在我们的脑子里，时刻准备跳出来，左右我们的言行。我第一次看见它们，是你快一周岁时。

有一天，爸爸给你喂奶。他举着奶瓶，你躺在他臂弯里，一边咕嘟咕嘟大口吮吸，一边一下一下地踢着小胖脚，看上去享受极了。

大概是喝饱了，你突然用手推开奶瓶，挣扎着要坐起来。

“不行，奶还没喝完呢！”爸爸一只有力的大手马上抓紧你，想让你重新躺好，另一只有力的大手把奶嘴再塞回你嘴里。

你叫唤起来，用力挣扎。

又有一天，爸爸给你读绘本。你坐在爸爸的大腿上，绘本摊开在面前的书桌上。这个故事显然没能吸引你，只翻了几页，“啪”，小手果断地把书合上了。

我在一旁瞥见，爸爸当即把书页重又打开，两条强壮的手臂箍紧你两条小胳臂，说：“不行，要把书看完！”

都是不假思索的反应，我能看到他胳臂上原本放松的男性肌肉骤然紧张、隆起。

类似这样的时刻，是你带给我的“镜子时刻”，它们总让我心里一惊，猝不及防地看见某种真相。

在那两个瞬间，我看到了我们头脑里的“你应该”——你应该喝完（无须理由，就是应该喝完）；或者，你应该多喝点儿才不会饿着；也可能是，你应该不浪费食物。而读书这么重要的事，当然应该认真耐心，有始有终，怎么能胡乱翻两下就跑？甚至可能还有这个：身为父母，应该从小就教导你“良好”“正确”的行为习惯……我理解，是它们让爸爸不假思索第一时间否决你的自主选择。

这些“你应该”都有它们各自的道理，也都出自一片苦心，只除了一点，它们其实都在无声地宣布：我不在意你如何感受——无论你是否已经吃饱，无论你是否喜欢读这本书——我要求你“正确”行事；而且，是我而不是你知道怎么做才“正确”，是我而不是你知道什么对你最好。

当我们的头脑做出这样的宣布时，它就失去了对你们的好奇心，眼睛不再观察你们，耳朵不再倾听你们，是的，它对你们为什么这样做的原因毫无兴趣了，它对你们的感受和视角不屑一顾了。

可我们真的像自己认为的那么正确吗？你那时尽管还未满一周岁，但我相信，哪怕你出生仅一天，也一定比我们更清楚，自己是饱了还是饿着，此刻需不需要、想不想再喝奶；至于教导你不浪费食物的道理，对于一个还完全听从本能、无法理解道德法则的小生物来说，显然为时尚早；而读书，如果无视你的兴趣，无视那本书与你的认知水平是否匹配，只是为了要养成一个“好习惯”，很难说究竟是在鼓励还是在扼杀你对阅读的爱好。

如果当时你再大一些，五岁、四岁、三岁或哪怕两岁，也许我都不至于对这一幕敏感。一个大人时刻准备着对孩子灌输各种道理，在我们的文化里司空见惯、习以为常。可你还未满周岁，为什么我们就已经迫不及待了？

我们真的正确吗？

我怀疑，大人们有多喜欢对你们的自主行动说“不不不”，就可能有多喜欢对你们说“你应该”。像是一枚硬币的两面，一面是禁止，一面是说教。

有一些“你应该”，我相信合理而必须，它们基于事物某些确凿的规律，这方面成年人的确比你们所知要多，比如应该避免高空坠落、生病了应该吃药、饭前应该洗手，等等；或者，它们告诉你们不应该妨害他人。

除此而外的那些“你应该”，跟“不不不”一样，多半值得推敲，因为它们往往让一个成年人在你们面前充满某种虚幻的优越感、权威感，仿佛我们总是天然地比你们高明、正确，因而拥有告诉你们该怎么做的勿庸置疑的权力。

即便是在儿童游乐场，我也见过太多成年人喜欢对你们发布各种“你应该”，仿佛在玩这件事情上，我们也比你们知道怎么玩更好、更正确。

我们说：“（你应该）到这儿来！……到那儿去！”“快去捡那个球！”“去，去玩那个滑梯！”“这个有什么可玩的，你去玩那个吧，那个多好玩”……如果你们拿起一只球，送到嘴边啃一啃，成年人会说，“不对，球应该滚（踢）过来”；如果你们把一列火车满地拖来拖去，我们会说，“不对不对，你应该让火车在轨道上开”。“不对，这个应该这样玩”“不对，那个应该那样玩”“你应该多去玩玩积木”“花应该这么画”“来，宝贝儿，你在这儿贴个太阳吧”“现在你去搭个城堡吧”“这滑板车你别老推着跑啊，你得站上去滑！”“放音乐了，你快跳舞啊，对，就这样跳！”……

你们会不会觉得，对我们这些成年人来说，很多时候，闭嘴是一种美德？

如果玩都不能自主，都要被“教导”，那么还有什么领域是可以不被成年人侵入的？

成年人大概很少意识到，你们才是玩的权威。如果儿童心理学家的见解没错，当你从温暖的子宫进入这个世界，哇哇啼哭着，以为世界就是你、你就是世界，慢慢地你会了解到，噢，世界原来是在你之外那么一个庞大复杂的所在（这可不是成年人教会的），就此开始漫长而艰巨的探索之旅。成年人容易把你们当作一只空空的瓶子，仿佛只有我们不停往里头填塞灌注才能充满。可其实，无须给你们讲解语法，无须一句句教你们所有的句子，你们却能学会世上任何一种复杂的人类语言。你们有一天懂得了球是圆的，并不是成年人教会的，而是经过你们自己的探索、经过玩，感知到了这种形状，你们从成年人那里无非只是知晓了这种特定的形状叫“圆”。倘若一个成年人不给你们任何机会去触碰烫的东西，那么他即使讲解一万遍什么是烫，你们也不可能真正懂得“烫”的含义。

想想看，当你们还在襁褓之中就会通过啃咬小手来探索自己的身体；

想想看，你出生才100多天，清醒时间大多只是仰面朝天被我们抱来抱去，却已经能区分家里的空间，知道当我抱着你跨进卧室（当然你那时想必还不知道这个空间的名字叫“卧室”），你就能快乐地喝到奶；

想想看，比如你要认识一把高大的椅子，你会从底下看，从上面看，从侧面看，拼凑出它的形象，你会去摸它、咬它、敲打它，甚至撞它，等你长大一些，还要去搬动它，爬它，说不定还从上面摔下来，你是这样去认识它的；

想想看，你究竟是怎样从对世界几乎一无所知，到清晰了解周遭的各种人和物？那是一项多么浩大的认知工程！或许正因此，你们似乎被某种迫切的生命需求驱动着，一刻不停歇地玩、玩、玩，并且你们天然地知道怎么玩。

每一个幼小的生命都有自己的方式和节奏来探索、了解、适应这个世界，就像每一只毛毛虫，无须任何教导，都知道怎样一步步穿越它的生命旅程，最终变成蝴蝶。

生命真叫人惊叹。

可是啊，成年人却对你们喋喋不休着各式各样的“你应该”，它们或粗暴，或温婉。我们以为它们是在表达关爱，其实却何尝不是在变相地宣布：你们错了，我们才对。

我疑惑，成年人究竟在输出多少无谓的“你应该”？它们无视和否认你们自身的方式、节奏与能力，一遍遍、一次次，从你们极幼小的时候，便在无形中教导和暗示：不要相信

每一个幼小的生命
都有自己的方式和节奏
来探索、了解、适应这个世界，
就像每一只毛毛虫，
无须任何教导，
都知道怎样一步步
穿越它的生命旅程，
最终变成蝴蝶。

你自己，不要听从你自己。

你们幼小时，我们勤于干涉你们探索世界的方式和节奏；等你们长大，我们是不是就可能不惮于干涉你们的人生？我们会说："你应该好好学英语""你应该上大学""你应该读这个专业""你应该找一份稳定的工作""你不应该找这样的男（女）朋友""你怎么还不结婚？""快点生孩子！""你应该为我们争光"……诸如此类。

我怀疑，我们喋喋不休着各种"你应该"，无意中透露出的，其实是我们内心深处对生命本身的不信任、不接纳、不欣赏。

就在坐下来写这段文字之前，我刚经过一个篮球场，看见两个孩子，走路还蹒跚着，看上去一岁多，正在玩一只篮球。他们用手捧起球，使出全身的力气扔出去，看着球弹跳着滚远，再追过去把它抱起来，再扔出去。当他们重复这样玩的时候，看护他们的一个大人开始着急地大声叫起来："踢！踢！踢！踢呀！"另一个大人截住球，一边踢给孩子，一边说："看着啊，要这样踢！"

真的只有踢才正确吗？或者，一定要让孩子尽早学会踢这项"高级技能"才好吗？如果只是安静地陪伴在一旁，看他们自由玩耍、自主探索、自行发现，不好吗？

“木马程序”

可是，那些“你应该”真的会像木马程序一样在我们大脑中悄悄运行。

你知道，最初我带你去游乐场，如果你对沙池表示没有兴趣，有一个“你应该”就冒了出来:“孩子玩沙子有很多好处，应该多玩沙子才好。”于是我听见自己对你说:“沙子多好玩啊，你看那么多小朋友都在玩沙子呢。”有时沙池确实吸引了你，我欣然带你进去，可是你只是这里摸一下，那里看一眼，然后“嗯嗯”，要我带你离开，我于是听见自己说:“你应该多玩一会儿。”

我得承认，那时候观看你玩沙子真的不是一件愉悦的事。别的孩子忙着装、铲、盛、倒、搬运，你只用手抓两把、再撒掉，用手拍拍，或者拿铲子四处敲打，或者在里面小心翼翼挪上几步。我有一股冲动，想要“纠正”你，想要握住你的手，手把手教你怎么铲、倒、装，给你示范“正确”而“有益”的玩法。

真的，当我陪你坐在沙池里，我有一种焦虑和不安。后来我明白，那种感受大约是因为眼前的现实和事情的发展与我脑子里的“你应该”不相符而引发的。

你一岁七个月，一个初春的下午，我们又去了游乐场。这一次，你只在沙池里停留了片刻，你对色彩鲜亮的滑梯没有兴趣，你绕过那片大大的海洋球池，你对那些大积木爱理不理，就连你平时总爱推两下的小车也吸引不了你。你爬到两间面对面挨着的游乐室门口，一间里头满是五颜六色的气球，被一台看不见的鼓风机吹得到处飘飞；另一间里面有自动上下的青蛙跷跷板，有可以在上面蹦跳、滑行、翻滚的充气垫。但迷住你的也不是它们，而是游乐室门口两条低矮的门槛，窄窄的，几公分高。

你推开我试图搀扶你的手，一只脚先踏上去，停住，让身体稍稍前倾，然后用力，另一只脚也踏了上去，稳稳地站在了门槛上。“啊啊”，你兴奋地叫嚷。接着，你又甩开我伸过来的手，看上去既小心审慎、又有一种鼓足勇气的决断，“吧嗒”一下，你从门槛上跨了下来——完全靠你自己。尽管摇摇晃晃、跌跌撞撞，但你成功了！你立刻转身开始第二次尝试。

在你重复了两三个来回之后，我听见自己在催促：“咱们去玩别的好不好？”

你根本不理睬。

那一刻我心里生出一种烦躁。我在烦躁什么呢？我发现，我在担心你错过了“更值得玩”“更应该玩”的项目，你应该去玩滑梯、海洋球池、沙池、大积木啊！它们对你的发展应该更有好处，老玩这门槛有什么意义呢？而我，陪在这里看你一遍遍踏上门槛、再跨下来，又有什么意义呢？应该玩点有用的，而不是就这么无益地“瞎玩”。我还似乎开始心疼起时间，仿佛时间就像我手里攥着的数额有限的钞票，不能白白花出去，总应该兑换点什么，榨取出尽可能多的收益才好……

那一刻我看见自己的内心毛躁慌张。那是你带给我的一个“镜子时刻”，噢，原来我头脑里真实地运行着这样一个思维模式。它怎样被“安装”进来，已经运行了多久，我并不知道，但这一刻，我知道了是它仿佛挥着一根无形的鞭子在我身后抽打，让我焦虑，让我忍不住催促你。而且我相信，绝不仅是这一次，它此前一定已经在不知不觉中抽打过我无数回。

你幸好没理睬。

我面前的小人儿是那样兴奋，不厌其烦地从这条门槛，换到那条门槛，踏上去、跨下来，不停地嚷嚷着：“啊叭么，咕嘎咕嘎，吧啉哦，呀呀呀，啊啊啊……”口水晶亮地挂下来，在胸前濡湿了一片。你是在告诉我，你探索到了某种平衡，可以驾驭自己的身体了吗？你是在告诉我，当你甩开我的手，尝试自己从门槛上跨下来的那一瞬，其实是跨入了一片前所未经历的未知之域，而你从中收获的体验是多么新奇有趣、令人着迷吗？

我决定闭上嘴，再也不催促你哪怕半句，改当你的观众。我多么高兴自己能安下心来，去感受你的快乐。

后来有一天我再想起这个下午，突然悟到，偌大的游乐场，你无视其他诱惑，独独要玩这两条门槛，这或许正是因为生命自有智慧。你的选择出自你的智慧。而我，因为脑子里那些自命正确的“你应该”，对此视而不见。

那个下午我会忍不住想让一个一岁七个月的小家伙，放弃自己选择的体验，去玩我认为更值得玩、更有用的游乐项目；若干年后，我是不是就可能让你去学那些我认为更值得学的课外班，去发展那些我认为更有用的兴趣爱好？甚至，我是不是会忍不住要一手干预、设计、安排你的成长之路，以便让你过上我认为更值得过、更有意义的人生？当然，这些未必就一定会发生，我只是惊异地发现，它们背后潜藏的思维和心理，其实异曲同工。

玩滑梯、积木、沙池真的就比玩门槛更“有用”？即便真的更“有用”，那是不是就该为了“有用”而放弃玩门槛的满足和快乐？快乐是“有用”还是“无益”？

何为有用？又何为无益？什么是有意义，什么又是无意义？这可是复杂透顶的人生命题，我怀疑最厉害的哲学家也未必能给出必然正确的判定，又或许，对此世上本就不存在必然正确的判定。那为何我的大脑却在片刻之间就轻易地、偷偷地下了一个判定？

即便我的判定真的绝对正确，我又是否能放下我的判定，而去尊重你的选择，信任你的智慧？

一个孩子趴在泥地上，看蚂蚁在地上来来去去、兜兜转转，或者盯着从黑湿黑湿的泥土里钻出的一株小绿芽，一看看上半晌，惊奇、欣喜，心无旁骛，他会区分“有用”与“无益”吗？这个下午，你专注于那两条低矮的门槛，你会去区分“有用”与“无益”吗？这本身或许就是一种智慧。我恐怕得承认，你们一定有些智慧，是我受限的思维所无法感知、无法想象、无法理解的。

如果我当时没有察觉大脑的偷偷判定，而坚持把你这一场自主游乐归于“无益”，烦躁、唠叨、说教、抱怨、纠正，或者干脆强行把你带走，你会不会可能就此学到我的局限，也将它判定为“无益”，或者至少你可能意识到，它是不被接纳、不讨喜的呢？如果这样的干涉总是发生，你还能坚定地相信自己、自然而然地听从自己吗？

就在前不久的一个下午，我们俩在小区里散步，路边看到物业工人刨出的一个又一个圆圆的大坑，可能是要栽种什么树木吧，就那么裸露着，刨出的土高高地堆放在坑沿上。其中一个坑边，有个看上去六七岁的男孩，正在玩那些碎土，上身往坑里探，两只手飞快地往外刨土。等我们散完步回家，天已经蒙蒙黑，又经过那个大坑，男孩竟然还在！他仍然在忙着玩那堆土和那个坑，看上去根本不为外界所扰。

他难道不更应该坐在书桌前读书写作业？或者应该坐在某个课外班的课堂上？或者应该练练某种乐器？或者应该去跟小伙伴交往？或者其他更“有用”之事？可他花了半个下午跟这个坑和这堆土较劲！饥渴，专注，沉迷，忘我。这真动人，在他的世界里，这项工作没准跟一位大科学家在实验室里所干的一样有趣、重要。

非如此不可

你满三岁两个月这天，吃过早饭，在窗前的游戏垫上坐下来，开始玩橡皮泥，红色、蓝色、黄色、紫色，一块块五彩缤纷地摆出来。

“我最喜欢吃黄瓜丝了。”你说，“现在要开始切黄瓜丝了。”于是你用一把餐刀专心地开始切一块橡皮泥。你一会儿切，一会搓，一会儿捏，一会儿又把碎块装进“碗”里，再从一个“碗”倒进另一个“碗”；你切了黄瓜丝，做了豆沙饼，还放在“锅”里煎了煎，又做了其他一些名称奇怪、形状也奇怪的食物来跟我分享。

我事先跟你宣告过我的计划，上午想要带你去参观幼儿园的新址，这样第二天你去那里上学就不会觉得太陌生。可是你玩得那么投入，一个小时过去，丝毫没有收工的意思。当我提醒你该出发了，你抗议："我在工作！"

墙上的挂钟一点点逼近十点，焦躁也在我心里一点点积聚。大脑里有个声音说：最晚十点一定要出发，否则你就没有时间在新园区多玩一会儿，就不能及时赶回家吃午饭，然后你就没法准时睡上午觉，那么晚上就很可能推迟入睡，第二天就起不来床，于是赶不上幼儿园班车……焦虑就这样突然变得巨大，不由分说地攫住了我，仿佛一步乱，满盘皆乱，一瞬间似乎重到不可承受。像是有根发条骤然被拧紧，那个巨大的焦虑仿佛一声声尖叫：赶紧！赶紧！

当我再次催促你出发，你委屈地嚷道："妈妈，我的面包还没做呢，我还要做太多！"

当然，我们最终赶在十点出了门。只不过，出门的时候，你眼睛里含着眼泪，而我则像一只气鼓鼓的青蛙，努力克制才不至于对你大喊大叫。

我是后来重新回想这件事情，才看到脑子里的"你应该"，那是我自己绘制的一张短期"蓝图"：你应该准时睡觉，你应该准时起床，你应该准时赶上班车；并且，你应该尽快喜欢上幼儿园的新园区——是的，我想要一切顺利、可控。所以，当你不情不愿地放下橡皮泥，离开游戏垫时推三阻四，穿衣穿鞋时磨磨蹭蹭，我升腾起一腔怒火。

那个时刻我完全被"你应该"俘虏了，根本无力看见它。我全然忘了自己在薄暮中看到坑边男孩那一瞬间内心的感动。我得承认，这天早上，这些橡皮泥对于你，其实也像那个坑和那堆土对于那个男孩一样有趣、重要。

我为什么而生气？好吧，是我暗暗认定你应该配合我的“蓝图”。或许实情是，我为你不能满足我的期待而生气；或许还可以说，你击破了我的可控感，我为自己不能如愿控制这一切而发怒。

你知道，当我怒火中烧时，我大脑里的声音在说什么吗？它控诉着：“这孩子真是太烦人了！”“怎么那么不懂事！”“是不是被惯坏了！？”……仿佛一切都得归咎于你，都是你的错。

你知道，一旦生起气来，那一刻，对于你，我的内心就感觉不到爱了。人是多么奇怪的动物！那个时刻，我竟感到讨厌你，讨厌你这样一个我深爱的人。我怀疑自己极可能是以一种厌烦的眼神看你，厌烦地看着你可怜巴巴的眼泪和小脸蛋。膨胀的厌烦把爱、温柔、喜悦统统挤走了，一丁点儿空间都不留。这当然不是第一次，我相信也不会是最后一次。我得告诉你，这是爱的真相之一种。

非如此不可吗？

其实，就把这整个上午都留给你和你的橡皮泥，午睡之后再去参观幼儿园又何妨？或者，这天就算不去参观幼儿园又何妨？晚些出门第二天真的就必然赶不上班车了吗？其实，即便真的赶不上班车，也并非就没有其他方案。生活充满那么多种可能，我为什么下意识地认定我心里勾画的那个“蓝图”就是最好的、非如此不可的一种？为什么那一刻我那么执拗地想要牢牢掌控住这一切；如果我放下对掌控的执着，顺势而为，在事情的变化处探寻新的可能，如何？

我不知道我们的生活中充满着多少“非如此不可”的时刻，我也不知道自己有多少次将这些“非如此不可”强加于你。

时间再往前推几天，那时爸爸和我正带你在外度假。一次你在公厕的马桶上拉了大便，像往常一样，先擦屁股，再抱你下来，然后提裤子。那天下起了雨，一下子阴冷得很。提好裤子，我想着一定得帮你把上衣的下摆塞进裤腰，这样更保暖。

“不要弄！不要弄！”你抗议着，一边使劲扭动着小身体。

那是又一个“非如此不可”的时刻。我一边唠叨着试图说服你别动，一边不由分说加快手上的动作，等终于帮你塞好衣服下摆，直起腰，感到松了一口气，有一种“终于搞定了”的解脱。可是，小人儿跑出那个狭小的厕所隔间，跺着脚气忿地说：“妈妈，为什么要在里面弄？外面也可以弄啊！”

我一下呆住了，下意识地试图解释，“因为，因为……”我嗫嚅了两声，说不出任何理由。最后我只能对你这个三岁的小家伙说：“你说得对，真抱歉。”

你看，我一心只照着自己脑子里的“你应该”去做，我忽略你的抗议，其实我至少可以停下来先听听你的想法，可是我没有。那一刻，我只想一切听我的。

我们的精神牢狱

这些是我脑子里的“你应该”当中我所能看见的极少数，一定有许许多多我还没有看见。

我想象，人们的大脑里有一个庞大的仓库，上面贴着一枚闪亮的标签叫“正确”，里面堆放着各式各样的存货，它们是我们认为“正确的”“对的”“好的”情感、行为方式、认知、观念……

这些存货因为各式各样的机缘，陆续存放进来，它们变成梁、椽子、砖瓦、土坯、木料，共同搭起一座精神的屋棚，供人们栖身。这座屋棚让人在面对未知而复杂的世界时感到温暖、安全、踏实，不致太过惊慌、无措。它是每个人信奉的存世之道，在任何情境下指引他们的行动。

我们对你们输出的种种“你应该”，大概就都出自这里。它们可以小到“你应该把这碗粥吃光，来，张大嘴，再吃一口，真乖”，“你应该去玩沙子，沙子更好玩”，也可以大到“你就应该过这样的人生”。

然而这同时也可能是一座温暖的牢狱。

既然这些存货自封正确、对的、好的，它们往往就被人们不假思索地奉作准绳，凡不符合者，难免被视作不正确、不对和不好。可不妙的是，理性而言，这世上能被认定是绝对正确的道理着实并不多，也很少有什么是必然好的（在我看来，经科学证实了的事实和规律或可算一类，尊重他人的感受和权利、不妨害他人算另一类）。更不妙的是，这些存货不仅大多未经理性审察，许多甚至还在人们的意识之外。它们在我们看不见的时候自动运行。它们暗中排斥着生活中的其他可能，拒绝接纳生命面目的多样。某种程度上，这样的存货越多，精神的牢狱就越坚固。我还想说，它们其实不爱生命本身，它们只爱对错好坏。甚至某种意义上，它们反生命。

所以，一旦当你们活泼泼地来到这世上，以你们的方式去体验和呈现生命时，牢狱中的人们将感到多么不适，他们忙着说，“错了，应该这样”“不对，应该那样”。（现在你大约知道了，我们与你之间为什么发生那些碰撞。我是多么感谢你，感谢这些碰撞。）

于是有评判。这样才乖，这样才是好孩子，这样才懂事，这样才棒，这样才可爱。这样我们才会绽出一朵笑容，这样我们才喜欢你们，这样我们才教养有方。一旦与我们的准则不符，你们随时有可能被判作“笨”“懒”“丑”“娇气”“任性”“不懂事”“不可爱”“捣蛋”“臭脾气”“小气”“胆小”“懦弱”“叛逆”“烦人”“没出息”“真差劲”“丢人”……天知道，我们有多少类似的判词在等着你们；一个孩子从出生到长大，这漫长的时光里，要经受多少评判？

于是有比较。“他比你聪明”“他比你优秀”“他更能干”“他更讨人喜欢”“你不如他勇敢”“你没他大方、开朗”“你得比他更棒”……相貌、才智、性格、行为、爱好，等等等等，一个孩子从头到脚每一项都可能被我们纳入评比。于是，即便我们不在嘴上说出来，心里也常徘徊着一种焦虑：“我的孩子会不会不如别人？”

世间每一个体都不相同，可我们太多时候将差异、多元，区分成了优劣、高下。

是的，我们在不自觉间妄自评比生命的优劣，衡量生命的高下。这意味着，总会有许多生命，来到这世间，注定要划入被不满、被轻视、被不屑、被失败、被羞耻、被低人一等的阵营。我们在一些人面前充满优越，又在另一些人面前满怀自卑。

你看，从你们很小时，我们就这样示范给你们看，如何将自我附着于外在的评判；如何在与他人的比较中确认自我价值，仿佛只有不比别人“差”，才配活着，才算是可以交待的人生。所以倘若有一天你们长大，无法体认、安然于生命自身的价值，而像我们一样热衷攀比，汲汲于声名、财富、权力、地

是的，我们在不自觉间妄自评比
生命的优劣，衡量生命的高下。
这意味着，总会有许多生命，
来到这世间，注定要划入被不满、
被轻视、被不屑、被失败、被羞耻、
被低人一等的阵营。
我们在一些人面前充满优越，
又在另一些人面前满怀自卑。

位，成王败寇，也就不足为奇。

于是你们生而有“原罪”。既然那些存货总是自诩正确，经它们判定，你们就总是处处有问题。它们不错，错的自然就是你们。因而我们感到自己有种不容推卸的责任，必须要对你们说教、劝导、规训、纠正，才能引领你们走在“对的”“好的”道路上，仿佛稍有松懈，你们就可能沦为迷途的羔羊。仿佛你们身体里住着一个魔鬼，我们需要对它保持警惕和打压，而我们自己则正确得如同上帝。

我们脑子里种种无谓的“你应该”，是一根根铁丝，试图去矫正一棵自然、美好生长的树木，左缠右绕，这里掰开、那里绑紧，这里修剪、那里堆簇，一心想将你们捆缚修正成我们心目中认为对的、好的、美的样子。

我们满心以为这些都是为了你们好，都是在传递爱，却意识不到，它们真正表达的其实是否定，它们都在同声传递着一个意思：你们需要改造。只有“正确”行事、表现“良好”，你们才是可爱的。

生命的多样不被欣赏，生命的其他可能被屏蔽，生命本来的样子不被接纳，生命本身的价值不被看见。我疑惑，如果我们总是无视或不愿接纳你们本来的样子，你们是否最终还能够真正接纳自己？如果你们总被评判和否定，你们是否还能安然面对自己、最终成为自己？

其实我很怀疑，“你应该”的真相，或许是以爱你们的名义，在满足成年人自身的控制欲。在隐秘的心理层面上，我们需要你们来满足我们的期望，按着我们的“蓝图”、照着我们认为对的、好的方式去言行处世，我们因此感到有一种一切可控的安全感，感到那座精神的屋棚（牢狱）不受撼动、温暖踏实，感到自己不无助、有力量。

因为，我们，你们看起来强有力的巨人们，内心的底色其实是恐惧。

你本自由，是我不自由

你知道，我一向觉得自己是新时代的父母，自认跟传统的父母不同，不推崇听话、懂事、顺从，而是信奉让你独立、自主、长成自己。

于是便有一些不同的养育方式。比如在吃饭这件事上，当你满六个月大，可以将人间五谷引荐给你时，我就按着育儿指南，给你准备手指食物。我颇费了点心思，研究怎么让土豆条、蔬菜条之类既足够软烂、便于咀嚼，又能让表面微硬便于小手抓握，这样就可以为你创造独立进食的条件。你果然非常喜欢这种方式。慢慢地，你不甘心仅仅如此，当我们用勺子给你喂食时，你要么将小手伸进碗里来，要么急切地来抢我们手里的勺子，也渴望试一试。

这可真让姥姥焦虑。她信奉整洁，难以忍受满桌、满地、满头满脸的狼藉。你应该老老实实坐在餐椅里，每当勺子送到嘴边就张嘴，大口吞咽下去，赶在一碗稀粥变凉前就能吃个精光，并且对给你准备的各式食物来者不拒，那该有多省心省事。可是你那样锲而不舍地争取自己动手的机会，不惜为此哇哇大哭。最终我们找到一个折中的办法，姥姥（或我）有一把勺子，你也有一把勺子。当然，主要是由我们的勺子把你喂饱，但你至少部分满足了自己动手的愿望，同时也制造不了大规模的狼藉。

到一岁九个月大，我观察你的小手使用勺子已经足够灵活，而且我相信，进食是一个动物的本能，只要给你提供喜欢的、性状合适的食物，你一定能喂饱自己。于是，我们决心将进食自主权还给你。

整整一周，每日三餐，全家人都备感焦虑。每个人看上去都在吃自己的饭，可心思和眼角余光都在你身上：你怎么不吃，坐在那里发呆？怎么才吃了这么一点，就不吃了？满桌子这么多种食物，你怎么就吃这一两种？怎么边吃边玩、磨磨蹭蹭，饭都凉了，小肚子能受得了吗？……

但是一周过去，你向我们证明，你真的完全可以把自己喂饱（手和勺子，哪个方便用哪个，经常汤水淋漓地从碗里捞出一根根面条塞进嘴里），既没有因为吃了凉饭菜而闹肚子，也没有体重下降，每天都顺利拉出健康的“香蕉便便”，说明消化和营养都不错。你只不过是按照你的方式和节奏进食，而不是我们期望的。

有些变化发生了。

此前一长段时间，你常常半夜醒来，有时要我在黑暗中抱去客厅走动，有时在床上辗转一两个小时才能再次入睡。那段时间，我从你的小嘴里闻到一股淡淡的腐臭味，我以为你既然开始吃人间五谷，想必正常。可是，从获得进食自主权第一天当晚开始，你居然从此一夜安睡到天亮；而且，嘴里那股腐臭味也消失了。

当然，这完全可能只是巧合。但有一天我突然意识到，会不会也很有可能，我们喂食时，让你吃下了过多的食物，以致夜里积食难安？换句话说，我们那些无意识的“来，再吃一口”“多吃一点才能长高”“这个可好吃了”“嘴巴真大”“真棒”“真能吃”，以及看到你大口吞咽时脸上绽出的笑容，都不自觉地传递同一个意思：“你应该多吃一点”。它们很可能干扰了你自己的身体感受，因为你明白，只要张大嘴、多多吃，就能看到我们眼神里、语气中的欣喜和赞赏。

另一个变化是，此后一段时间，每当带你出席朋友餐聚，你似乎成了餐桌上的一个“小模范”。面对满桌美食，你可以安然地在餐椅里坐上一两个小时，专注地品尝这些新奇的味道，感受它们的质地，忙着用小手或叉勺跟这些形状各异的食物较劲。我得承认，爸爸和我颇为此有些自得，仿佛我们真的教养得当。而朋友们则可能没好气地训诫自己的孩子："你看，弟弟都会自己吃饭，你还要我喂！""你就不能像弟弟那样坐着好好吃饭？""你看弟弟吃得多好！"（你看，我们都讨厌"别人家的孩子"，可是，我们又是多么自然而然地会诉诸"别人家的孩子"。）

但进食的故事并没有"圆满"地到此为止。

又有些变化发生了。一段时间以后，你有时会要求"妈妈喂"，或者干脆拉过我的手，放在你的小勺上。

这可真是让我为难的时刻。每当这时，我都有一种紧张，仿佛这是你对我心目中美好秩序发起的挑战。起初，我还在犹豫该怎么回应你，爸爸就已经抢先说："不行，你应该自己吃饭。"

我多么理解爸爸的反应，因为我也看见自己心里的忧虑：如果我同意喂你，你会不会就此依赖上喂，从此懒得自己吃饭？如果这次我松了口答应你，会不会就此破坏"规则"，纵容你"倒退"？

一开始我倾向于爸爸的立场。然后突然有一天，我看见，噢，如果说最初我帮助你自主进食，是在顺应你的感受和需求，后来，我则是把“自主进食”“独立自主”变成了某种标准、一则教条，存放进了那间“正确”大仓库，并据此不自觉地输出评判：自己独立吃饭才是好样的。

你知道，你自己进食时，有时看你吃得不多，我立刻会有一种焦虑腾然而起，真想抓起小勺再给你喂几口，有几次我实在忍不住，真就那么做了；可现在当你主动要我喂，我反倒踌躇不前、内心拒斥了。多么讽刺！

我进而发现，原来对于你吃饭这件事，我其实暗中怀有一个期待：你应该自己吃饭，并且吃得又快又多又好。唯有这样，我才会感到你是好样的，感到一切顺遂、令人安心。凡与这一期待有所抵牾的，便很可能引发焦虑。

而一当生出焦虑，在它的驱策之下，人们就会忍不住采取些行动，那些不满、愤怒、抱怨、批评、说教、唠叨、纠正、强迫，等等，其实多半是在隐秘地想方设法让你们符合我们的期待，从而好让我们自己解除焦虑。

我得承认，我看见了自己内心的控制欲。在这样的时刻，像一切控制者一样，我其实只是执着于自己的隐秘需要，只想确保头脑中的信念安然无虞、不受挑战，而看不见你的感受和需求了。

是啊，为什么想要“妈妈喂”？是你需要帮助，食物太滑溜或者块太大、太长，你搞不定又不知怎么求助吗？是你想体验喂食中彼此的亲密？是你喜欢妈妈喂饭时全身心对你的关注？还是出于一些我无法理解的感受和缘由（是的，你总有许多我无法解开的谜）？

可我们只是急着对你说："你是大宝宝了，应该自己吃饭了！"

这种说教不关心、也不回应你当下的感受，它真正诉说的是：别管你自己的感受，忘记它、压下它，照我说的去"正确"行事！

我得承认，在这样的时刻，我自己与我心目中所谓"传统父母"其实很难说有什么本质差异。我们都试图捍卫"正确"大仓库里的信念，不同的是，他们的大仓库里存放着"听话""懂事""顺从"；而我的，存放的是"独立""自主"。"传统父母"因为你们显得"不听话""不懂事"而焦虑；"新父母"则可能因为你们似乎显得"不独立""不自主"而焦虑。前者努力想把你们改造得"听话懂事"；后者想把你们改造得"独立自主"。

以训练、培养你们"独立自主"为名，我们可能会不顾一个婴儿害怕、无助甚至绝望地大哭，而坚持强行把他独自留在黑暗中，让他自行入睡；我们可能无视一个孩子想要被抱一抱的情感需求，而只是对他说"你都这么大了，自己走"；我们可能不愿上前搀扶安抚一个因摔倒而哭泣的孩子，生怕他就此变得依赖……这何尝不是另一个版本的“你应该听话”？

一个小小孩会不会自己如厕、会不会自己穿衣服、会不会自己洗手、会不会自己吃饭、会不会自己入睡……都可能不自觉间变成一场评比，一些父母为之暗中自得，而另一些父母为之备感焦虑。

你知道，我并非要否定“独立”“自主”这些价值，我只是有些骇异地发现，它们如何经由我们而变异。

后来有一次，你发烧了，蔫蔫地坐在餐椅里，说：“妈妈喂……”

在拿起勺子喂你之前，我迟疑了一下——是的，我需要看见这一切，然后，放下它。

我之前担心的“倒退”并没有发生。看起来你知道吃饭是自己的事，也并没打算放弃进食的自主权。退烧后的第二天，你就精神振作地自己吃饭了。

再后来，有那么几次，你又要求“妈妈喂”，我毫不犹豫拿起勺子喂你，两三口之后，你就拿过勺子自顾自吃了起来。还有一次，你右手手指头擦破了皮，渗了点血，你煞有介事地将它举了两天，让我们整整喂了两天。但之后，一等你觉得伤口无碍，自然而然恢复了自己进食。

你看，你本自由，是我不自由。

墙

有一天早晨，我们俩收拾停当，准备出门去幼儿园。我问你："你喜欢上幼儿园吗？"

问完，我就意识到自己在紧张地等待你的答案。恍惚中，我听到脆生生的一句："喜欢！"我松一口气。但随即我就发现，你其实并没有回答，那一刻正忙着赶在穿鞋出门之前再敲打两下餐厅那张案台。

哈，是我的期望在"说话"。"说"了我期望听到的答案。

我不知道，我的脑子究竟塞满了多少这种"你应该"式的期望？它们可以在任何一种情境下，偷偷向我勾勒描画一个"理想小孩"应该有的样子。

假如我无意识地拿着这个样子去比照你，期望你符合这个样子，想方设法让你变成这个样子，我知道，我就把你推开了，我就竖起了一堵墙，把我和亲爱的你隔开了。我就无法看见那一刻你的感受、需求、想法，我就感受不到、看不见真实的你了。

你肯定是常常无法符合这个样子的，因为你就是你呀。可是我很可能会因此失望、不满、嫌弃、愤怒、指责、攻击、控制，而你会因此痛苦、受伤。倘若有一天父母子女真的彼此折磨、互怀怨恨，会不会就是从这堵墙开始的呢？

生命喜悦

我认识了一个小朋友，他很特别。他六七岁了，还在幼儿园里上学。他的个子比别的小朋友都高，可每到吃饭的时候，还需要老师帮他穿上防护衣，因为他会把饭弄得满桌子、满地，当然也会满身。他的头有点歪，嘴也有点斜，走起路来总是慢吞吞的，眼神有些呆，脸上也常常没有表情。

我不知道在他身上发生了什么，只知道，他跟你很不一样。

有一天想起他，我意识到，很可能，绝大多数成年人对一个孩子的期望，种种“你应该”，在他面前都会受到挑战。

“你应该聪明”“你应该活泼可爱”“你应该优秀”“你应该成功”“你应该能干”“你应该勤奋”“你应该好好读书”“你应该读好学校”“你应该独立”“你应该自强”“你应该情商高”“你应该人缘好”“你应该让我省心”……

当然人们或许也会说自己期望并不高，“能当个养活自己的普通人就行”，或者“健康就行了”。可如果连“能养活自己”“正常”“健康”的期许都受到了挑战呢？

这样的孩子他还可爱吗？还值得我们爱吗？

有一个下午，幼儿园里组织家长和孩子们一起活动。这个小朋友大概因为错过了午觉，犯起困来，在幼儿园的一张小床上睡着了。他趴在上面，床对他而言有些小了，手脚都伸到了

人们或许也会说自己期望并不高，
「能当个养活自己的普通人就行」，
或者「健康就行了」。
可如果连「能养活自己」
「正常」「健康」
的期许都受到了挑战呢？

外面。

他的父母在一旁看着他的睡姿，笑得乐不可支，轻声地说着什么。然后，那位父亲掏出手机，给他拍照，蹲下、站起，这边拍、那边拍。

我在他们脸上看到了什么？哦，那情不自禁的爱意，跟我和爸爸看着睡梦中的你时一样一样，仿佛我们所看着的，都是世界上最可爱的宝贝。

那或许就是生命的喜悦吧？

4. 大棒与胡萝卜

无论是惩罚的大棒，还是奖赏的胡萝卜，权力手段的运用，都是迫使或引诱你们根据外在评判去行动，而不是服从内在；都是将你们的注意力引向外部，而不是安然于内心。

巨人之怒

那个叫伊伊的小姑娘比你大七个月，皮肤黑黑的，穿一件洁白的连衣裙，眼睛又大又亮，站在空荡荡的酒店大厅，四处张望，小脑袋一会儿转向这边，一会儿转向那边，小手拧着裙角撩起来，露出胖嘟嘟的大腿。

“伊伊，不要撩裙子！”她听见一声尖厉的怒喝，扭头看见妈妈在不远处黑着脸、怒气冲冲。她怔了一下，立刻松开了裙角。

那段时间，你也喜欢这样，有时把上衣下摆的一角塞进嘴里，衣服被整个撩起，露出光溜溜的肚皮和肚脐。我很好奇，你们爱这么做是因为好玩，还是因为紧张不安，或是别的什么原因呢？

显然伊伊的妈妈不喜欢这样，想必她觉得一个女孩子应该在外人面前举止得体，哪怕伊伊那时才两岁七个月。我猜，可能伊伊已经不是第一次这么干了，妈妈教导过她好几回，可她还是忘了，所以才这样生气。这一次，妈妈用怒火震慑住了这个小家伙，就像丛林里的猩猩用怒火威慑对手一样。

巨人常会发怒。在遥远的过去，怒火帮助我们的祖先在大自然中求生，当他们受到侵犯，当面对敌人或对手，他们的身体就仿佛变成一台哧哧冒着蒸汽的机器，面红耳赤、呼吸急促、肌肉积聚力量，准备攻击和战斗。

我想象，我们的大脑里或许有一处原始的机关，现在，如果你们的行为和表现，与我们的"正确"信念不相符，引发我们的某些痛苦感受，焦虑、担忧、沮丧、挫败、无助、失望、羞耻、伤心，或者别的什么，很可能就触发了这个机关，我们下意识中感觉受到威胁，于是生起气、发起怒来，就像在丛林中一样——愤怒让我们不会感到脆弱。

可当我们冲你们发起怒来，我们是在下意识里把你们——我们亲爱的孩子——当成敌人或对手吗？只是各种日常境遇而已，我们也在试图"摆平"你们、"保卫"自己吗？

这种时候，我们可能向你们倾泻不满，指责、训斥甚而辱骂："你怎么能干出这种事！？""你真讨厌！""你真是烦死人了！”“你太丢人了！”“我怎么会生出你这样的孩子？！”

我们可能冲你们怒喝、吼叫：“不行！！我再说一遍，不行！！”“你现在给我马上去睡觉！！”

我们还可能瞪起眼威胁：“你再动一下试试！”“你是不是想吃一顿揍？！”“看我不抽你！”“你再这样，妈妈就不要你了！”

如果说教、训斥、怒吼、威胁、恐吓都不管用，我们很可能被愤怒吞没，真的抽打你们的小屁股，用巴掌扇你们耳光，用指关节敲你们脑袋，用手使劲掐你们肉嘟嘟的大腿，或者拼命摇晃你们的身体，嘴里嚷嚷着或心里狠狠想着：“不信搞不定你了！”“看你下次还敢不敢！”“不好好治治你就反了天了！”或者，把你们关进小黑屋，任由你们在里面哭得声嘶力竭，狠心得眼睛都不眨。

你看，我们这种据说是地球上最聪明的生物，真的会对自己的幼崽施行攻击，以不同形式的暴力，无论是语言的还是肢体的，又或是冷暴力。

正义之怒?

我有没有攻击过你？当然。

就比如你两岁两个月时那一次。起因通常总是一些微小的事由。先是上午你玩一只塑料玩具锅，小小的，你大概满以为自己一只手就可以抓起它，可是努力了几次，锅盖却总是掉下来。你又气又急，一边跺脚一边哇哇大哭，眼泪吧嗒吧嗒滚下来，鼻涕黏糊糊地喷涌出来。我能理解这样的时刻，在我们看来芝麻小的事，在你却好像天都要崩塌了一样。我尽力让自己保持平静，安抚你，等待你情绪消退。

再是当这间屋子终于从你尖厉的哭叫声中安静下来，大家坐在餐桌前开始吃午饭，可你坐在餐椅上，扭来扭去，特意给你煮的意面，只胡乱吃了两口就不肯再吃了，一会儿提出要吃饼干，一会儿又要吃水果。就在那一刻，突然有一种疲惫、厌烦的感觉像泥浆一样涌过来，我的心情像那天窗外的天空一样铅灰色，沉重黏滞。我一声不吭，生着闷气，把你从餐椅上抱了下来。

一个小小孩有着天然的敏感，你一定感到了有什么不对劲。一个小小孩还有着天然的恐惧，怕被遗弃、失去爱。饭后，你推翻了一向由姥爷陪着午睡的方案，“（跟）妈妈睡觉要！”你坚持着。我猜，你是想试探和确认我并没有因此收回对你的爱、你是想知道我俩之间的关系并没有因此破坏吗？

可是，我一心期待着你快快入睡，这样我就可以溜进书房做自己的事，而你却在床上翻滚了一个多小时还没睡着！焦躁，郁闷，怨愤，沮丧，挫败……它们突然集结成一支偷袭的军队，一瞬间把我变成一只点爆的火药桶。

我冲你大喝一声："赶紧睡觉！！你烦死了！！"你怔了一下，接着咧开嘴巴大哭。我气鼓鼓地背转身，恶狠狠地心想："让你哭去吧！"

你看，我被怒火占领了。是因为你确实做错什么了吗？你暴烈的情绪像一头不受控制的猛兽般冲出来，是事出有因，而你那么小，还不具备能力去处理它；午饭可能不对你的胃口，你确实更想要别的食物；你迟迟无法入睡，可能是因为打破了平时的固定模式，也可能是因为你心中还有不安。然而你显然无意中"制造"了一连串事端，让我无法感到一切顺利平稳可控、感到自己这个妈妈当得还不错。

愤怒很可能伴着某种隐秘的敌意。我看见自己有一种强烈的冲动，真的想在你屁股上狠狠踹上两脚，打你几巴掌，才能解恨！（你可爱的小身体曾无数次在我心中引发不自禁的爱意和喜悦，可此时我盯着它感受到的竟会是这样的天壤之别——这算是人性的众多面目之一吗？）

是的，"解恨"。你看，尽管我很愿意从你的角度来看待这场冲突，我也并不认为你真的做错了什么，可那一刻，我确确实实倾向于通过攻击你，好把自己从那些痛苦情绪的泥淖中解救出来。换句话说，我这个成年人，不自觉中想将情绪发泄在一个孩子身上，想通过暴力来控制、迫使你回到"正确"轨道上，好解脱我自己。再换句话说，我这个成年人，那一刻其实没能处理自己的情绪，而只想归咎于你。

所幸这一次，理智摁住了冲动，暴力的念头只是在我脑子里盘旋了一下——毕竟，那时我跟你相处已经两年两个月了嘛，哈。

如果时间再往前推，我得承认，确实有那么两三次，在愤怒的大火蹿起的瞬间，我的手掌就已经狠狠在你裹着纸尿裤的屁股上拍了两下——好吧，只是两下。

时间再再往前推，让我想想，最早是什么时候？大约你三四个月大吧。你那时几乎天天夜啼，我的睡眠因此碎成片片。有一天，你频繁夜醒，醒了又啼哭着不肯再次入睡。我抱着你，精疲力竭。一瞬间我怒火中烧，在大脑被烧得短路、理智因高温而熔断的瞬间，我一把将你扔到床上（我残存的理智只够考虑到床是软的）。你的小身体在软床上弹跳了一下，收声了几秒，然后哭得更大声。我这才回过神来，看到自己干了什么。

其实那时我已经知道了，你正饱受肠绞痛之苦。一个那样幼小的婴儿，既没有什么恶意，也没有什么谋算，更不会无缘无故放弃睡眠故意折磨谁，你无非是身体不适，或有什么需求要满足，而你能做的只有啼哭。可是那一刻，当我苦于自己的困境，不自觉间就迁怒于你，仿佛你是这一切的罪魁祸首。

人们总是愿意相信，当我们被激怒时，我们正义在握，而你们多半并不无辜，多多少少是自找的。可这一次，我却真真切切是对一个完全无辜的小婴儿。

有时，我在你身上仿佛活脱脱看到自己的怒火。

你很早就会愤怒了。一个小人儿有多少事由为之愤怒啊：一个玩具没拿稳，掉了；滑板车不知在哪里卡住，推不动了；明明已经很小心地挪动脚步，可小水杯里的水还是洒了出来；想把纸剪破，剪刀为什么总是不听话；小手不知怎么的，把那张纸撕破了一个口子；从幼儿园回家，妈妈应该在书房等着呀，怎么迎到客厅来了；路上有条蜈蚣爬过，想让"妈妈快来看"，可话音未落，蜈蚣就一闪不见了；有句话你说了好几遍，可妈妈还是没听明白；妈妈为什么没有照着你的想法去做……

类似的桩桩件件，每一桩每一件都可能让你急得跳脚，大声尖叫、怒吼、嚎哭，躺倒在地，使劲扭动身体、踢蹬双脚。起初，你用暴烈的肢体动作和哭声来表达，等你会使用语言了，你还说各种"恶狠狠的话"："不想吃午饭了！也不睡午觉！要一直一直生气，生到千百岁！""想用石头砸人！把眼睛弄瞎！把房子拆掉！把玻璃敲碎！把你们都从房子里赶出去！就想扔东西，什么都扔！把你们都打烂，把自己也打烂！"……

你是因为事物常不能如你所愿，周遭总难由你掌控而愤怒吗？就像你有时会愤愤地哭诉："为什么它们不听我的话？为什么呀？！"这种时候，我忍不住困惑，我们冲一个孩子而去的怒火，跟你的愤怒真有本质的不同吗？

我买了一些绘本，它们大同小异地讲解：如果感到愤怒该怎么办。愤怒的时候想打人，但打人不好，可以拍打枕头；愤怒的时候还想说气话，这也不好，会伤害别人；愤怒的时候想砸东西，这会伤害环境；愤怒的时候不要在公共场合尖叫，会影响其他人……那愤怒的时候可以怎么办？可以到野外去奔跑，找个没人的地方去吼叫，或者使劲深呼吸，或者找个地方哭一哭……总之，每个人都会愤怒，这不要紧；要紧的是，当被怒火占领，不要攻击、伤害他人。

我们用它们来教导你们，我们是不是也应该用它们来教导自己？

当我们在怒火中打骂、呵斥你们，难道不是在向你们示范，如何通过攻击他人来宣泄自身的情绪，如何通过暴力迫使他人做出符合自己意愿的行为，好让自己重归平静？或许换句话说，为了满足自身意愿，我们就去攻击他人、控制他人。

那如果一个孩子因为父母没能满足他的期望，也怒不可遏，是不是也可以攻击他的父母呢？父母们一定毫不犹豫地说：不能！当然不行！这还得了？！——你看，这算不算成年人的双重标准呢？

有很多次，我看见一些小孩子，因为要求被拒绝、期待落空、不被理解、行动受挫之类的各种缘由，发起怒来，一边嚎嗨一边用小手胡乱地扑打自己的父母，嘴里可能还嚷嚷着：“坏爸爸！”“坏妈妈！”“我讨厌你！我恨你！”

你三岁三个月大时，有一天我惊讶地发现，你也会这样做了。有那么几次，你将小身体绷得紧紧的，怒吼着、大哭着，然后，突然狠狠地说：“妈妈，我想打你！”说完真的就向我扑过来……

这种时候，成年人与你们是不是有着某种惊人的相似？

我是多么好奇：这究竟是因为成年人给你们做了榜样，教会了你们如此；还是因为这本是生命成长的必经阶段，只不过成年人某些时候、某些心智还停留在儿童状态？

美化暴力

一个孩子的怒火不会真的具有摧毁力，可一个巨人的怒火，多半会让幼小的心灵感到恐惧。

当然，成年人有你们比不上的本事。我们会美化暴力。“棍棒底下出孝子”“打是亲，骂是爱”“省了棍子，坏了孩子”，总之，都是为了你们好。

千百年来人类抱着多么荒谬的逻辑：对你们，我们试图用棍棒、皮鞭、拳头和巴掌来灌输“善”的道德，来教导“正确”，来传递和表达“爱”。

可是在一个孩子眼中，巨人愤怒的表情、尖利的嗓音、扭曲的面孔以及自己身体所遭受的痛楚，一定很难被认为是在表达爱。一头猩猩或者哪怕一只狗，都会以自己的生物本能，根据这些迹象来判断自己受到了攻击，更何况人类的孩子？

但人类的孩子得学着否认和麻木自己的本能感知，忍受攻击、忍受羞辱，接受“都是为你们好”的道德宣言。既然父母是对的，那错的当然只能是自己，是自己不好，不配得到爱，理应受教训。一个人很可能在他极年幼的时候，就学着否定自己，并把这些原本可疑的信念，不加质疑、也无力质疑地纳入了自己的“正确”仓库。人类攻击自己的后代，一代又一代。漫长的时光里，父母打骂、教训孩子，是再天经地义不过的事情了。

在你最不谙世事的人生头三年，我已经多次被提醒：“你太娇惯这孩子了，要在以前早就打屁股了！”

现在的父母们比起过去，已经大量减少暴力了，大约因为人们逐渐认识到，体罚和辱骂可能给孩子日后留下怎样的心理伤害。然而人们大多只是在两种后果之间取舍，从过去害怕不打骂就不能教会你们“懂事”，到现在担心打骂会伤害你们的心理健康。

人们或许还不能彻底接受这样的观念——如果我们真的把你们当作完全平等的人对待，我们便没有打你们、骂你们的权利。

无论出于什么目的、缘由，无论你们有多么幼小而不谙世事，打和骂都是对一个人人格和自尊的侵犯。

我的一位朋友，是位很温和的男士，待人宽厚，也是有耐心的爸爸，可有一天聊到他四岁的儿子，也会宣称，在他无计可施的时候，“不打不行”，“打一顿立刻就乖了”。我的另一些朋友，怀有这样的信条：父母之中，必须至少有一个让孩子“怕”，在必要的时候震慑他，让他乖乖就范。看起来，成年人很多都懂得不再过度打骂，但依然还给自己保留着打骂你们的权力，就像君王手握终极镇压的武力一样。

我丝毫不怀疑人类的亲子之爱，那是人类千百万年进化筛选出的本能。倘若没有这种本能之爱，让人类殚心竭虑地看护自己的后代，人类恐怕无法繁衍至今。但我怀疑，温暖的亲子之爱，遮蔽了成人和孩子之间长久以来某种征服与被征服、控制与被控制的权力关系。

操弄恐惧

成年人操弄恐惧，有意无意。“一打就乖”，“一虎下脸就怕”，是靠恐惧迫使一个人驯服、顺从，而不是靠爱和信任让一个人自愿跟从。

成年人有制造恐惧的各式大棒，体罚、辱骂仅是其中两种。

比如有个叫东东的男孩，大约两岁，蹲在泥地上忙着抓那些土和落叶，奶奶阻止了两次不管用，就生气了，甩下一句："你再这样不听话，奶奶就再也不喜欢你了！"东东果然站起身，看上去有些不知所措，还有些凄惶。

我也见过一个还在牙牙学语连"妈妈"都还不会叫的孩子，他的家人教他喊"妈妈"，但他含糊地说"阿——姨"，而且似乎很得意自己能发出这样的音节，乐得咯咯笑，一连说了好几遍。家人似乎觉得这是不听教导且公然挑衅，沉下脸来，说："宝宝不乖！我们不要你了，没有人要你了！"幸好这个孩子还兀自沉浸在他自己的欣喜中，也可能还根本理解不了这其中的恫吓。

有多少成年人，可能一时气急，脱口而出："你再这样，就把你送给别人！""真想把你扔进垃圾桶！"又有多少成年人，虽然克制了自己打骂"熊孩子"的冲动，却将孩子独自关进某个房间，或者赌气走开，做出一副再也不想看见那孩子的厌恶神情。这些招数往往确实有效地迫使一个孩子改变行为，但依然不是出于自愿，而是基于一个小生命天然的对被遗弃的恐惧。

毕竟，在你们生命的早期，你们的生存需要那样全心全意地依赖我们。我们掌控着给予和剥夺的大权，也便有了操控、左右你们的绝对权力。不把这些青菜吃完，就不能吃肉或吃饼干；不把作业写完，就别想出去玩；再不听话，周末就不带你去公园；再这样就取消零花钱；因为做了这件事，今天罚你饿一顿……成年人威胁这么做或真的这么做时，当然感到自己有十足的理由。然而其实，各式惩罚某种程度上往往更像是一种隐秘的报复：你没能满足我的期待（这引起了我的痛苦），因此有必要让你也吃点苦头。

成年人有时还会捏造和恐吓，“饭掉地上，雷公会劈死你”“再不睡觉，大老虎来吃了你”“你要不听话，警察就把你抓走”……

如此种种，算不算是某种变相的暴力呢？它们未必制造你们肉体上的不适，却引发精神上的痛苦；它们都人为地种植恐惧，恐惧被攻击、被责备、被剥夺、被遗弃、被惩罚、被否定——而根本上，是恐惧得不到爱，恐惧自己不够好。

成年人正是利用了这些痛苦和恐惧，来让自己感受可控，让自己隐秘的心理期望得到满足。而我们竟还天真地自欺，以为恐惧之上能结出善与爱。

奖赏与引诱

成年人既然会动用大棒，就多半还会掏出胡萝卜。

就好像如果我们希望训导一只狗学会钻圈，当它懈怠、抗议、逃跑或失败时，我们就用鞭子抽打它；当它配合地来了一次成功的跳跃，我们就奖赏它肉骨头。要不了多久，它就会遵循我们的期望和要求，变成一只精于钻圈的狗。可是，一只狗为什么要钻圈呢？会钻圈的狗才是一只好狗吗？

成年人说："听话是好宝宝，不听话是坏宝宝。"我真的听到有人就是这么直白地告诉孩子的。而有些人虽然没有这样说出口，却是这么做的。"坏宝宝"得到的自然是惩罚，"好宝宝"才能得到奖赏。

就在前些天，我回家的路上经过一对母女，妈妈牵着一个三四岁的小姑娘，说："……你长大了也要乖一点好不好？"小姑娘清脆雀跃地回答："好！这样就有礼物，有玩具，还有好吃的！"

是的，如果一个孩子按照我们的期望行事，我们就会眉开眼笑，他会看到我们竖起的大拇指、眼神里的赞许、言谈间的首肯，听到我们兴高采烈的表扬："你可真棒！""你真乖啊！""你让爸爸妈妈感到骄傲！"说不定，他还会得到一个大大的拥抱和亲吻，或者，爸爸妈妈慷慨地满足他某个心愿：就比如，喏，吃完这碗饭，就奖励一个冰激凌；或者，好好上幼儿园，不要哭不要闹，妈妈就送你一辆小火车；再或者，你要能考 100 分，就带你出国旅游。

这些时候，一个孩子当然能感到他是被爱着的；也当然，他会明白，他的被爱是有条件的。

这像是一种引诱，又像是一种贿赂。

可我们的生活里充斥着这样的东西：一句别有用意的表扬、一朵小红花、一颗五角星、一张奖状、一个称号、一些掌声……这些多半会被我们当成诱饵和贿金，并被我们赋予一种象征意义，仿佛得到它们就意味着从众人中被拣选、被眷顾，也即意味着——被爱。

成年人难以理解，其实在你们的世界里，一个孩子只要不受我们不必要的干扰和限制，自由地听从自己的内在，天然地就能从这世间感受到无限的乐趣和喜悦，就能安然地悦纳自己，无须许以好处，无须赐予奖赏。

世上原本只有宝宝，没有“好宝宝”，也没有“坏宝宝”。是我们这些狭隘的成年人，太多时候无谓地区分出“好的”和“坏的”、“对的”和“错的”、“可爱的”和“不可爱的”、“有用的”和“无用的”、“成功的”和“失败的”，既在后面挥动棒子，又在前面抖动胡萝卜，试图将你们像羊群一样驱赶上“正确”小道。

我们自以为是地操控着你们走在“正确”的道路上，其实却是像魔鬼一样在不停与你们做着浮士德式的交易，引诱你们放弃真实的自我，不去服从内在，转而迎合我们的价值判断，博取我们的欢心，好换取我们的爱。

成年人难以理解，
其实在你们的世界里，
一个孩子只要不受我们不必要的
干扰和限制，自由地听从自己的内在，
天然地就能从这世间感受到无限的
乐趣和喜悦，就能安然地悦纳自己，
无须许以好处，无须赐予奖赏。

我怀疑，我们或许不自知地给你们制造了最深刻的创伤——不能按照真实的自我被爱。

我也怀疑，因为不能按照真实的自我被爱，我们或许还给你们制造了人生最深的恐惧——恐惧自己不够好，恐惧自己不值得爱，恐惧自己因而不被爱。

魔鬼埋伏于日常

你知道，我们多么自然而然地就会使用这些伎俩。就好像有一天，我看到一位妈妈给孩子洗手，她生怕孩子不配合，于是流出的水一边哗哗地响，她一边滔滔地说："你要好好洗手，把小手洗得干干净净的。等你上了幼儿园，老师看到你会把小手洗这么干净，就会夸奖你，表扬你洗手洗得真好。"你看，只是洗个手而已。

那么，我呢？

从你出生，我便开始专为你记录一份"成长志"，简要写下你的一些点滴。里面记载了这样两桩事。

你快满一岁三个月的一天，我给你买了澡盆玩具：小海龟、小海豚、小螃蟹、小鹈鹕，还有小章鱼。你那么喜欢这些会喷水的小家伙，把它们从澡盆带到了床上。我突然有了一个主意。

那时我正寻找给你断夜奶的良机。因为我俩总是找不对含接的方式，你越长大，吮吸的力量也越大，几乎每次哺乳都将乳头吸破，而且损伤越来越严重，哺乳于我已是苦不堪言，可你每天夜里还必定要吸着奶入睡。这天晚上当你想吃奶睡觉时，我给了你一个新的提议："妈妈给你讲讲小乌龟找妈妈的故事吧。"你还真不闹着要吃奶了，睁大眼睛看着我，似乎听懂了一般。我于是讲，小乌龟出生在沙滩上，它生出来以后，妈妈就经常不在身边。小乌龟可棒啦，都不用吃奶自己就能睡着。小乌龟的故事讲完，你还没有入睡的意思。那么再讲讲小螃蟹吧：小螃蟹也很棒，可以自己睡觉，不吃奶了。

你时而专心地听我讲，时而在床上翻来滚去，哼哼唧唧，像个瘾头发作的人一样烦躁。有两三次你忍不住黏过来闹两声要吃奶，又被我的故事"挡"了回去。那天晚上我讲得口干舌燥、双颊发酸，结果你倒是渐渐安静下来，在我的故事声中趴在床上睡着了。

过了两天，我又给你讲了小螃蟹找朋友的故事。小螃蟹想找好宝宝做朋友，什么样的宝宝是好宝宝呢？就是要会自己吃饭，不吃奶就能自己睡觉。它找到小乌龟，小乌龟会自己吃饭，自己睡觉，它们成了好朋友。现在它俩来找你啦，因为它们听说你也可以自己吃饭、自己入睡，可棒了。它们想来跟你做朋友，陪你一起睡觉。这一次，你又在故事声中慢慢睡着了。

你确实是从那时开始渐渐断了夜奶，进而顺利断奶。我一直有些自得于这过程中的顺利，我既无须故意从你身边彻底消失几天，也无须在乳头上涂风油精、酱油、辣椒酱之类让你断绝念想，避免了对你而言或许阵痛式的震荡。

这是一桩事。还有另一桩：

你快满一岁半时，为了让你晚上能顺利入睡，也把自己从各种讲得口颊酸胀的故事中解脱出来（小乌龟、小螃蟹没讲几次就失去吸引力了），我买了一只会发光的小瓢虫，睡觉时关上灯，它就在卧室的天花板上投射出星星和月亮的图案，你喜欢极了。我对你说：小瓢虫喜欢好宝宝，你晚上好好睡觉，它第二天就再飞到我们家来陪你；如果你不好好睡觉，它就飞到悠悠哥哥或者静静妹妹家去啦。

此后一段时间，你每天都在小瓢虫投射的光影中，伴着轻柔的乐曲入睡。不久，你喜欢上了一首摇篮曲，天天就听着它入睡，不需要小瓢虫了。再不久，你什么都不需要了，在床上翻翻滚滚、自言自语一会儿，就能悄然睡去。慢慢地，我就把这两个关于睡觉的故事淡忘了。直到我对这些事有了新的思考。

两岁过后，我们每个周末带你去幼儿园上亲子课，为半年后的入园做准备，到时你将正式步入属于你的小社会。

在那里，我上了重要的一课。

每堂亲子课都有一个小环节，最开始是老师走到每个小朋友面前，蹲下身，柔声问："你愿意告诉我你的名字吗？""你同意大家来呼唤你的名字吗？"如果小朋友同意，老师就和在场的其他人一起以歌唱的形式呼唤他的名字。两三堂课后，老师便张开她的双臂，先问："现在，有哪位小朋友愿意到这里来介绍自己？"第一次，有一两个小家伙跑上去，扑进了老师的怀里，老师用笑容欢迎他们。接下来的几次课，更多的小家伙踊跃跑了上去。至于那些没跑上去的小朋友，老师依然会微笑着走到他们面前，蹲下来询问。

你不属于跑上去的一员，甚至，当几乎所有别的小家伙都愿意被呼唤名字了，你还是不愿意。每当老师蹲到你面前，你要么低着头不吭声，要么枉顾左右，要么干脆跑开。

那个时候，我已经从理智上懂得要相信你，尊重你的意愿和节奏，不催促、不责备、不说教。然而如果说我坐在一排小背影后面，坐在一排家长中间，看到其他妈妈有的向自己的孩子竖起大拇指，有的鼓掌，有的绽出灿烂的笑容，而我对此完全坦然淡定，丝毫不感到一点疑虑、郁闷、尴尬、挫败，那绝不是真的。

不过，那位老师，一个训练有素的年轻女孩，她在你拒绝的时候仍然微笑着说："没关系，等你愿意的时候，我们再来呼唤你的名字吧。"她给了那些跑上去、没跑上去的，同意的、不同意的孩子们一视同仁的微笑；她没有对那些走上前去扑进她怀里的孩子们说:“啊，你真棒！”“啊，你也很棒！”

你知道，只要她这样说一句，那你们无形中就会被区分成两类：既然一类是“棒”的，那另一类自然就“不棒”或“不那么棒”了。不愿参与这一游戏就真的“不棒”了吗？就该无形中被贬抑吗？孩子们只是有着不同的生命节奏和样态罢了。而这位老师，恰到好处又至关重要地保持了价值中立。她不评判。她不惩罚。她也不奖赏。

我们或许以为，冷酷的大棒确实不必要，但温情的胡萝卜似乎没什么妨碍，毕竟，奖赏一下孩子又能有什么问题呢？我也是在与你的相处中，渐渐意识到，胡萝卜多数时候不见得是件好事，很可能是成人们自觉或不自觉间掘下的一个甜蜜陷阱，因为，胡萝卜往往会被当作标签，它试图将那些可心的行为挑拣出来，而让那些不符合我们心意的行为遭受轻视和冷落。只要有了胡萝卜，不奖赏本身往往就意味着是一种贬抑和惩罚了。

回到那两个关于入睡的故事吧。我对一个肉嘟嘟的小家伙所做的，看起来无非是树立正面典型（不吃奶的小乌龟小螃蟹，别人家的好孩子），无非是正面激励（你要向好榜样学习），但它们背后其实暗藏着一种冷酷：不如此，便不可爱、不被爱。一个一岁三个月的小生命，想要吃着奶进入梦乡，自然的生命欲求，但在我的故事里这可“不好”，要面临可爱的小乌龟小螃蟹的遗弃（不跟你做朋友）。至于小瓢虫，它更直白，你好好睡觉就爱你，不好好睡觉就离开你。

此刻，我唯愿小小的你根本没有听懂我的故事：那天晚上，你能不吃着奶入睡，只不过是我喋喋的讲述声产生了某种催眠效果，慢慢地，睡意就像熔化的糖浆一样将你裹住。此后你逐渐接受不吃奶入睡，不是因为你想争当“好宝宝”，也不是因为害怕被遗弃，而只是因为你借此发现了，原来自己已经有了不吃奶也能入睡的力量，比起吃着妈妈的奶，这个选项也没那么糟。

权力关系

你看，控制与被控制、征服与被征服的权力关系，可以就这样渗透在琐碎的日常里，甚至埋伏在充满爱意的轻声软语中。

人们以为压迫与屈从是君王或其他手握大权的人所制造的，人们警惕它发生在办公室里，在组织中，在公共事务上，在阶层、种族、国家之间；却很少意识到，它也发生在襁褓之中，它可以从生命的最早期就开始。

当你还在我肚子里的时候，有一天我读到一篇广为流传的文章，传授一条育儿技巧：想让一个小生命出生不久就懂得乖巧不哭闹，很简单，他哭的时候不要去抱，不哭的时候才抱，据说效果极好。

这技巧追捧者众。我也认为这可真是很有道理，心想，等你出生不妨试试。你知道，那时我已经深深陷入对你的爱恋之中，可对这技巧背后的残忍竟全无觉察。现在我知道了，抱被变相当成一种奖赏，而不抱是一种惩治。可是哭泣难道不是一个小生命最天然的本能吗？你们赖以生存的大人，像训练一只动物一样，操控奖惩，以图耳根清净，或者以为这样一来便可以从小培养你们自律乖巧，其实却是在迫使你们压抑、放弃、否定自己的感受和本能。

谢天谢地，幸好我没真的这么干。但问题的关键并不在于我到底有没有这么干，而在于，我为什么竟然毫不犹豫就受到了吸引？

我，你的妈妈，不只是有着生物遗传的哺乳动物，还有着社会的遗传，是历史和文化之树上结出的一枚现时的果子。我也是曾经的孩子，习惯了、习得了权力关系的孩子，我的果肉里包裹着权力的种子。我怀疑，它或许已经像血液一样流淌在我的身体里了。

一旦权力关系的开关拨开，无论是温情脉脉的说教，还是声色俱厉的训斥，无论我们说的和做的是什么，其实我们实质上只说了一句话："我才是对的，你得听我的！"

也因此，一当权力关系开始运行，无论我们是显得威严可畏，还是温柔可亲，都必然意味着是对你们的某种贬抑、否定，程度不同罢了。这种时候，我们也必然是在阻止你们信任自己、听从自己、成为自己，手段不同而已。

无论是惩罚的大棒，还是奖赏的胡萝卜，权力手段的运用，都是迫使或引诱你们根据外在评判去行动，而不是服从内在；都是将你们的注意力引向外部，而不是安然于内心。

有位儿童教育者说，一个人如果不能归属自己，便只能归属他人。倘若你从襁褓之中便逐渐体认到，什么时候进食、吃多少、什么时候可以哭、什么对你有用，以及你该做什么，等等，都最好听我们的，投我们所好，弃我们所恶，那你又如何归属自己？小的时候你可能归属于父母、老师，长大了也许就是上司、老板、偶像、有权有势的人，或者别的什么权威，又或者某些盛行的社会风潮。

权力的逻辑天然地意味着破坏，只是有时这种破坏非常隐蔽，像掺进一碗美食中的隐形毒药。从这个意义上，我得说，多数时候，权力的运用是不道德的。

恐惧是权力最离不开的伙伴。出于恐惧，我们这些“巨人”紧紧抓着权力，仿佛一旦放松管制和干预，就会“失控”——没错，我敢打赌无数成年人想到的正是这个词。而权力的运行，归根结底又必须基于恐惧。为了让权力有效，我们有意无意在你们心里人为地种植、制造恐惧，利用这些恐惧。

我怀疑，倘若有一天你们长大，对权力者既恐惧、又渴望他们的爱；对权力的各种面目缺乏警惕和辨识，甚至崇拜权力、美化权力，说不定，那最早的源头或许就可以追溯到在我们的怀抱中。

我还得说，权力手段的运用很可能是反道德的。

通过操控惩罚和奖赏，我们其实是在告诉你们：去做这件我们认为很好的事吧，这样就可以获得夸奖和赏识，得到爱；别做那件我们认为不好的事，要不然你会有苦头吃，不被爱。尽管我们或许不愿承认，但会不会真的有可能，我们利用奖惩刺激的其实是下一代的自我中心和自私？

道德的本质，在我看来很简单，就是他人——不去侵犯他人的边界以免他人痛苦；看到他人身处困境或痛苦之中，出于同理心而施以援手。可我们的奖惩引导，实质可不是让你们顾及他人感受，而是关注自身得失，这是不是有些讽刺？

因为恐惧被剥夺或得不到，因为想取悦那个手握给予或剥夺大权的人而调整自身的行为，我们误以为那就是自律，其实那是伪装的自律，破坏的恰恰可能是基于内心的真正自律。

新智慧

倘若我们放弃这些熟悉的、习以为常的权力手段，我们又

倘若我们放弃这些熟悉的、习以为常的权力手段，我们又该怎样与你们相处？

该怎样与你们相处?

这可真是个难题，我也不知道答案。只是我想，我们或许需要一种全新的智慧。这种智慧只有基于将你们视作与我们真正平等的个体，才可能生发。

5. 哭

爱并不需要满足你一切要求，但需要无条件理解、尊重、接纳你的感受，不论“好”“坏”。如此，才真正把你当成一个相异而独立的个体，一个精神上与我完全平等的个体。

“乖，不哭”

有个故事我已经提到过。那时你还在我肚子里，几个月大。现在想想，那时我其实对孩子完全无知，可是有一天我跟一个朋友吃饭，却高谈阔论着从一篇流行文章看到的育儿方法，胸有成竹似的。

“如果宝宝哭，就不要抱他，等他不哭了再抱，这样不用多久，他就学会不哭了。”我说。我觉得这方法很明智，不会把你们宠得太娇气。是的，那时候在我的世界观里，一个动不动哭鼻子的孩子是娇气的，一个摔倒在地就哇哇大哭的孩子是娇气的，一个缠着大人哼哼唧唧的孩子也是娇气的……

我那位已经当了妈妈的朋友沉默了一下，然后委婉地说：

“等孩子生出来，也许你的想法就不同了。”

她说对了。

后来你躺在小床上嘤嘤哭泣时，我怎么能不去抱你呢？如果科学家的研究准确的话，你的哭声，会让我心跳加快，血流加速。那哭声像一条鞭子似的抽打得人坐立不安，催促我赶紧去回应你。一个婴儿的哭声甚至会让有些妈妈产生泌乳反射，乳汁自动流淌出来，等待哺喂，好去安抚那个哭泣的小生灵——很可能，为了让新生命得到必要的照料从而延续种族，这种本能已经刻写在我们这个物种的基因里了？

谢天谢地，我把那个论调抛弃了，听从了自己的本能。

后来再回想这个故事，我看见了自己脑子里那个“正确”仓库中有一枚存货：对一个孩子来说，哭是不好的。

这存货可不只是在我的脑子里，我相信它偷偷藏在我们很多人的脑子里。我们的世界不喜欢哭声，不欢迎眼泪。婴儿们吃饱穿暖没什么不舒服就应该安安静静躺着；等到会跑会跳了，地上摔一跤最好一声不吭自己爬起来；去打针最好勇敢坚强一滴泪都不掉；“不合理”的要求被拒绝了最好平静接受；妈妈要去上班最好忘掉分离焦虑这回事乖巧懂事地说再见；心爱的东西坏了，有什么可伤心的呢，再买一个就好了……我们这些成年人说：“乖，不哭！”

哭是什么呢？是懦弱，娇气，撒泼，耍赖，犯混，示威，无理取闹，是试图跟成年人进行权力较量，是要挟手段……一个孩子倘若在众人面前哭闹，招来的目光大多在暗暗谴责或嘲讽父母欠缺管教（在有你之前，我也是这众人中的一个）；哭是讨嫌的，是令人不快的，是值得鄙夷的，是让人羞愧的，是丢人的，是不乖的——所有这些，都是我们的文化中流行的看法，“好孩子不哭”。

我不知道，我们内心中对“哭”究竟有多少不由自主的嫌恶，以至于我们很多时候会忘记，哭难道不是生命早期最有力量的语言之一吗？命中注定，你们拥有哭声和眼泪，以此告知和传递你们的感受，赢得必要的关注，获取帮助。可如果我们这些成年人把自己闭锁在“哭就不乖了”的硬壳中，我们是否还有能力去倾听你们的哭声，以及心声？

那个最初令我心动、最终被我弃之如敝屣的“不哭法”，我尽管没有尝试，却相信它一定有效，因为我后来从书中读到这样一个故事：

数十年前，罗马尼亚的统治者为了要更多的人口而刺激生育，结果大量婴儿被遗弃街头，国家孤儿院建起来，收容了他们。可那儿显然不会是一个温暖的家，许多孩子被绑在床上，数小时，甚至数日都得不到照顾。看护人员在奶瓶里装上稀粥，把奶嘴塞进这些小嘴巴，然后就长时间不再管他们。

读到这里我的心都揪起来了，心想这真如地狱般冷酷，那里一定充满了婴儿们此起彼伏的惨烈哭叫、哀号、呼求。

但是我错了，故事的讲述者说，成百上千个孩子躺在这里，静悄悄的。

他们不会再用哭声诉说什么了。语言是为了交流，如果没人倾听，也就没有了说的必要。他们真的可以早早学会不哭不闹，很乖。

成长之痛

从你们哇哇大哭着降生，这个世间就有多少理由让你们为之哭泣。饿了要哭，困了要哭，冷了热了要哭，尿了拉了要哭，衣服后领有一枚商标磨着你的小脖颈要哭，身上长了一处疹子让你觉得痒也要哭……

当你们还是小婴儿的时候，大概也是我们对你们的哭声最包容的时候，尽管那啼哭也让人焦虑。待你们稍稍长大，我们对你们的期待便悄悄变化，似乎你们“应该越来越懂事了”，因而你们的哭声也就越来越令人厌烦和忧虑，我们似乎渐渐感到某种迫切，不能再“惯着”你们哭闹的“坏脾气”，需要管教管教了。

这可真是莫大的误会。

没错，你们确实会爬、会走、会跑，还会咿咿呀呀学着说话，似乎明白越来越多的事情了，但那也意味着，你们要接触和探索的世界更广了，你们要遭遇的人和事更复杂了，意外、挫折、不如意当然也随之更多，而且你们内心也萌生出愈发丰富的情感体验，这一切难道不都意味着，你们为之哭泣的理由，并不因我们一厢情愿期待你们“应该懂事了”而变少，反而更多更多更多了吗？

成年人误以为你们的世界无忧无虑，又怎能体会到这个小宇宙里，常常一天之中就要经历多少次情绪跌宕。如果上一秒你发现自己可以独自蹒跚着走上几步高兴得咯咯笑，下一秒就可能因为跌倒而哇哇大哭；上一秒你拉开家里那个神秘抽屉，看到里头有这么多新奇的玩意儿而无比兴奋，下一秒就可能夹到手或磕到头而呼天抢地——有多少场兴高采烈的玩乐是以哭闹告终。你想尝试很多事情，比如踮起脚去扭动门把手，可常常打不开，你于是号啕；你很想让妈妈抱抱，可妈妈忙得一时顾不上你，一闪就从眼前消失了，你伤心得泪流满面；你推着小车，它那么轻快地向前滑行，可突然卡在哪里再也不动了，你不明白这是怎么回事，只感到挫败、愤怒，拼命地尖叫……你用两只还不太灵活的小手、两条还有些蹒跚的短腿，尝试去探索和适应一个庞大而未知的世界，其间的挫折、艰辛和烦恼，怎么会比成人世界少？

在你们的小世界里，还总是有着一些奇特的秩序和信念。有时你熟悉的那个玩具没有摆放在原来的地方；有时你就想要一块完整的饼干，可它缺了一个角；有时，就好像有段时间，你洗完手，把你从脚凳上抱下来，一定要放在某个特定的位置，让你走上几步能到卫生间的门口……都是些在成年人眼里莫名其妙、稀奇古怪的理由，一旦没有满足，就可能歇斯底里地发作起来。

成年人常常觉得，那些让你们号啕的理由多么微不足道、不可理喻，有什么可哭的呢？可这样想或许对你们并不公平。每一桩、每一件，它们令你们痛苦的程度，很可能就如同成年人自己被嘲笑、被背叛、跟亲人吵架、被上司批评、搞砸重要的工作……一样严重。

比如分离焦虑。心理学家已经知道了，一个小生命，来到这个世界，必须深深依恋上一个人。最初，那个皱巴巴的新生儿会以为他就是世界，世界就是他。慢慢地，他才会发现这个世界还有别人。大约在 4 至 8 个月大时，他会爱上那个最亲近的人，通常是妈妈。心理学家说，正是通过对母亲的依恋，婴儿才发现了自我和外部世界，“文明因爱而生”。

他的爱是排他和独占的。可是，他爱得那么热烈，却注定面临分离。妈妈需要去工作，需要去处理自己的事情，无论妈妈是出个远门，还是只出门半个小时，或者哪怕只是关起门上了个厕所，他都忍受着煎熬，恐惧、悲伤、惊慌、不知所措……因为那时他还不能明白，一个人或一件东西从眼前消失了还可以再出现；他对时间也还没有概念，十分钟有可能漫长得像一天或一个月，甚至一个世纪。

想一想，如果我们热恋的人突然消失，并且我们还以为与他（她）永不能再相见，或许我们就更能体会你们在分离那一刻的痛苦，而不会当门在身后掩上，门里传出凄厉的哭叫时，内心既烦躁又忧虑："这孩子是不是太黏人了？会不会今后不够独立？……"

再想想如厕训练。屎尿叩门，直接排泄，这于你们是再自然不过的了；要把它们排到某个特定的叫作马桶的所在，那是成人文明加诸你们的规范。我们通常只是觉得，到一定年龄，你们应该学会，也必须学会。我们很少能体认，感知到身体排便的信号，及时报告，然后控制住自己的括约肌，等到我们说"可以了"再开始排便，这整个"简单"的过程，对于一个小小孩来说，很可能是一件非常困难、需要付出巨大努力的事，它让你们辛苦、紧张、耗神、费力，一旦不小心失败，还要面对成年人可能惊恐、失望、厌恶或者生气的眼神。

我虽然自忖在这件事上没有过早或过多地催促你，而是信奉顺其自然、因势利导，但其实我最初也完全没有意识到你可能面临的精神压力，直到你快满两岁四个月时的一天。那天晚饭后我只是从你眼前消失了一下，去了厕所，还没解完手，就听到了你的尖叫。我出去一看，你正躺在地上，很生气、很痛苦的样子，又想要我抱，又想从我怀里挣出去，以一种奇怪的姿势扭动着身体，我几乎抱不住你。

那几天你特别地黏我，恨不得要我每时每刻都陪在你身边，穿衣服、泡奶、端来食物、剥水果、擦手、洗澡……几乎一切都必须我亲自为你做，一概拒绝其他家人的援手。我略有延迟，你就大叫，甚至红了眼圈，或者干脆眼泪汪汪。而这天晚上你的发作，看起来像是又一次“黏妈妈”而已。但等到你平静下来，准备洗澡睡觉，褪下裤子，我一眼看到你一整天保持干燥的纸尿裤变得鼓鼓囊囊，那一刻脑中仿佛“叮”的一声。

这是你有史以来控制排便最成功的一天，从上午到晚饭前，每次尿尿都及时报告，总共六七次，可却在晚饭后“失控”了。我问你刚才是否因此而生气，你并没有吭声，却似乎眼睛一亮。就在这时，我的大腿突然一阵热乎乎——你又尿了，纸尿裤里盛不下更多的尿液，它们流淌了出来。接着你立刻像刚才那样叫唤起来，一边以同样奇怪的姿势扭动起身体。

我们并没有特意做点什么，去“纠正”你反常的“黏妈妈”行为，它随后自然而然地消失了。我疑心它很可能跟你那些天努力控制排便的焦虑有关，那天晚上你两次奇怪的发作，或许是为我揭开了一个角，让我隐约窥到小小的内心世界里可能涌动着的焦虑和压力。当然我没有十足的证据。不过，确实有心理学家报告说，有些孩子会因为排便的压力，而在一段时间内出现某些行为障碍、睡眠障碍，或是更爱发脾气。

你看，想要发现、理解你的成长之痛，真的不容易。而你看似像一株庄稼般迎风就长，却又究竟要经历多少成长之痛？在我们眼里那些天经地义、理所当然的事物，在你那里，都可能是一个接一个的挑战和难关。

从生命初期以为世上一切都是围着你转的，到随后几年渐渐发现世界的真相，知道这世间人事很少能如你所愿，这期间要经历多少现实的碰撞、“幻灭”的痛苦？

也有研究者说，生命的早期几年，是在稳定期与不稳定期中交替前行 。这大概是因为成长永远在不停提出新的命题，生命需要适应、突破、再适应、再突破。或许在这个过程中，尤其“不稳定期”，你们难免就成了我们眼中的“问题”孩子，“被宠坏”“难对付”“不乖”“讨嫌”“叛逆”“烦人”……我们这些成年人所做的，常常不是想方设法去理解、帮助你们，而是不由自主要去否定、纠正、改造你们。

人类这种生物啊，在还没有能力理解辨识情绪、自我调控情绪的年纪，却早早开始生成和体验各种情绪，它们强烈、丰富。不被理解、无法得到满足的需求，日常生活、成长过程中的种种遭遇，都可能随时在你们心中点燃焦虑、不安、恐惧、挫败、沮丧、愤怒、悲伤、惊吓……我想象它们像不受驯服的小野马，总是在你们体内撒丫子乱跑。你们还不知道该怎么和它们相处，便哭喊、尖叫；你们最初也不会言语，即便后来慢慢会说些简单的言词，也不足以表达自己，也便哭喊、尖叫，这是你们与生俱来的语言。

于是成年人厌烦地、恼怒地、忧心地皱起眉头："这孩子怎么又哭哭啼啼？""这孩子怎么动不动就发脾气，可不能惯着他！"……

你看，我们守护在你们身边，我们爱你们，可是却与你们的世界相隔那么遥远。身为同类，身为亲人，我们竟难以感受你们的感受。是我们的心被什么包裹住了吗？

小炸弹

在生养你的这三年多里，什么时候最考验我的耐心呢？

不是你婴儿期频繁夜奶、频繁夜醒，把我的睡眠扯成一片片，有时甚至碎成渣，让我困顿疲惫；不是再后来有段时间，你常常夜里总有两三次用哭声把我从睡梦中叫醒，然后要我抱着你在黑暗中一趟趟往返于客厅、厨房和阳台，直到再次入睡；不是你更大一些了，一个绘本故事，要我一口气讲上十几遍，讲得我口干舌燥、几乎心生绝望；也不是我手头有紧急的事要处理，而你却拉着我死活不肯让我走……都不是。而是你激烈哭闹的时候，你的情绪像火山一样在我眼前爆发，眼泪鼻涕像岩浆一样喷涌。

翻一翻你的“成长志”，我无意中记载的“喷发”记录还真不少。

比如，一岁两个月。那段时间你想学着自己吃饭，于是我们喂饭的时候，也给你一把勺子。现在回想起来，我真是毫无经验，当时给你的是一把长柄勺子，它其实方便大人喂食，而短柄勺子才更适合你用小手抓握着送到嘴边。这无疑让你的自主学习更费劲了一些。你有时成功，有时失败。有那么几天，吃饭时你最敏感易怒，动不动就发怒哭叫。有一天我只是看你实在费劲，一勺米粥送到嘴边已经洒掉半勺，忍不住帮你把勺子从左手换到右手，结果触发了一场歇斯底里的发作和号哭。

“他有时表现得像一只一碰就炸的小炸弹”，这是你满一岁五个月那天我写下的。那几天，你玩塑料仿真小厨具，有一次因为没能如愿把水壶的盖子盖上，就哭叫着把身边所有的小厨具都扫到一旁。另一次，我们新买的大米，被真空包装成一块块砖的模样，一公斤一块，你好奇地单手去拎这些米砖，第一次、第二次都成功了，米砖真的稍稍脱离了地面，但第三次，手上力量不够了，米砖不听你的话了。接下来，我们就看到你一怒之下将米砖推倒，尖厉的哭叫声在室内炸响。

你知道，你慢慢长大，你的哭声可比过去高亢得多，而且，肢体越发协调、有力，你的哭闹也就有了更丰富的表现形式。就好像这次，你一边哭嚎，一边像一枚小火箭般“发射”了出去，跌跌撞撞从餐厅竟一口气冲到了卧室门口。

一岁半，有天晚上，吃光了一碗面条，你坐在餐椅里玩空碗和小勺。想必是玩得不顺利，我先是听到你怒气冲冲地喊叫起来，听到碗勺被扫落在地的声音，等我赶去，我看到一个小人儿似乎攒足所有的力气，绷直身体，拼命尖叫起来，让我不由联想起一个积郁已久、无比痛苦的成年人，在空旷的夜空下或无人处竭力嘶吼的画面，“啊——”

一岁九个月，你在儿童游乐场推一辆小车，不知怎么卡住了，左推不动，右推不动，于是，鼻子眉毛眼睛立刻皱到一起，小嘴巴像黑洞一样张开，哭叫声像警报一样拉响。下一秒，我和爸爸简直不敢相信自己的眼睛：你已经躺倒在我们的脚边，一边哭嚎一边飞快地踢蹬着两条腿。这真是无师自通！我们俩目瞪口呆、面面相觑，一时手足无措。

……

这越发多样的表达方式，我猜，在成年人看来，多半是更不可容忍的行为，因为，比起过去只是躺在床上或怀中扯起嗓子哭泣，你们的脾气似乎显得更大、更坏了，发出的“挑衅”也似乎升级了。

笑和哭，都是你们与生俱来的语言。但我们成年人多半偏爱笑，讨厌哭。你知道，你脸上绽出的每一朵笑容，都那么富有感染力，会让我们脸上也不由自主浮出笑容，内心由衷地荡漾起喜悦。很多时候，你赛过世界上最好的喜剧演员，根本无须表演，就把我们逗得哈哈大笑，感到无比快乐。当然，也有很多时候，你哭闹、喊叫、眼泪汪汪起来，让我们心烦意乱。家里人形容说，你笑起来全家阳光灿烂，你哭起来全家阴云密布——真是再形象不过。

只需留心稍作观察，就不难发现，在一个小孩子的“脾气”面前，一个成年人是多么容易被惹急。以致我很是怀疑，我们这些自诩成熟的人类，处理情绪的能力可能并不比你们高明到哪里去。

你们的哭声会让我们困惑、紧张、沮丧、挫败、烦躁、委屈、懊恼、不安、忧虑、无力、自我怀疑、厌烦……我们可能因为无法理解你们哭泣的原因而备感沮丧，或者疑心是不是哪里做错了或不够好，感到自己似乎是一个失败的父母；我们可能挫败于自己对局面的“失控”，或者因为预想的秩序或计划被扰乱而懊恼；很可能，我们会忧心，你们是不是被“宠坏”了，因而感到某种管教的迫切；或者，我们真就把你们的哭声解读成某种示威和要挟，感到自己的权威受到了威胁；也可能，在哭声响起的那一刻，我们仿佛感到旁人对我们投来评判的目光，让人坐立难安，似乎必须做点什么；还有可能，我们因别人、在别处遭遇了挫败、委屈、困顿、怨忿，而你们的哭声恰如一粒火星，点燃我们隐匿、压抑着的情绪……

这种种在我们内心涌动着的不适感受，因人因时而各异，很多情况下，它们会不自觉地寻找外部的归因——是的，都是你们不好，有什么可哭的呢？！继而，我们很可能还会愤怒起来，满脸愠怒、气急败坏，或者声色俱厉，甚至进而动用暴力。

一个孩子的哭叫让一个大人像火药桶般点爆，这在我们的生活中可并不鲜见。这大概算得上人类相处中黑色的一幕：一个小生命，其实在用哭声和眼泪，呼唤对他的爱、理解、安抚以及帮助，可等来的，却是他最亲爱、最依赖的大人对他的攻击。

自从与你朝夕相处以来，你究竟哭了多少场，大哭、小哭，真是多得数也数不清，家常便饭。对我这个新手妈妈，很多时候，那些尖利的哭叫，真好像人生中的紧急状态。

就比如你一岁九个月时的一天。这天的暴风雨来得没有征兆。午睡醒来一睁眼，你就哭了，让人完全摸不着头脑。是要妈妈抱抱？是没有睡够？想要喝奶？要喝水？要出门玩？……我用最快的速度在大脑中搜寻可能的原因，仓促间试了一个又一个办法，似乎都不是，都不奏效，顶多让你暂停哭声两三秒，随后哭得更凶。最终你看上去像是出离了愤怒，号哭得声嘶力竭，在我怀里激烈地绷紧身体向后仰，又一次，像一张反向的弓。泪水山洪般冲刷下来，把整张小脸都淹了。

沮丧、挫败、无助、委屈、自我怀疑，我感到有股怒气在积聚，心里有一个声音说，把你扔到沙发上让你哭个够算了；另一个冲动说，应该狠狠在你屁股上打上两巴掌，大声吼你两句，好叫你领教一下发脾气的后果。但幸好，理智也在发声，它说：你哭并不是“无理取闹”，一定有你的理由，只是我理解不了。那时候我已经从理智上相信：你的每一次哭闹都是一道通往你内心的谜题，抛给我，等我去解读——于是也便有一个声音在说，耐心、耐心、耐心，冷静、冷静、冷静。

你知道的，那天的谜题我根本没有答案——其实很多时候我都找不到。我没什么办法，唯一能做的，是在你哭叫的时候，闭嘴，抱着你，陪着你，等待你趴在我肩头慢慢平静下来。

泪痕还没干呢，你跳下地来，眉开眼笑奔向你的玩具。暴风雨过去了。

我坐下来，喘口气，觉得真累，就像跟自己打了一场仗。也是在那一刻，我意识到，一个激烈发着“脾气”的孩子，才是对我耐心的最大考验——噢，或许应该说，是拓展。

我们为什么害怕哭

因为你们的哭闹在我们心里搅动起各种不适，我们便不由自主地想要解决掉这个外部因素——是的，只要你们不哭了，我们的情绪和痛苦就缓解了。为此，成年人有很多办法。

假想一下，现在有个小家伙想吃小熊饼干，妈妈帮他把饼干罐打开，他急切地伸手去抢饼干罐，他想要自己来——他两岁多，觉得自己挺能干的了。他一只小手抓紧罐子，一只小手伸进去。“砰”，小手还没有抓住一块饼干，罐子已经砸在地上，巧克力味的小熊饼干撒了一地。那个小家伙傻眼了，呆了一下，接着，眉毛眼睛鼻子又皱到一起；嘴巴又像黑洞一样张开，“哇——啊——”

成年人会怎么回应呢？

可能是抱怨和责备：“哎呀，怎么这么不小心！我不是让你先把饼干罐放在桌子上，再拿饼干的吗？就是不听！”

也可能温柔相劝：“哎呀，都撒了！好啦好啦，没关系的啊，不要紧，没什么大不了。好孩子不哭，我给你拿一罐新的。”

可能板起脸：“有什么可哭的？你得像个男子汉，别动不动就哭哭啼啼的！”

也可能故作轻松和嬉笑：“哎哟，还哭鼻子呢，羞羞！”说着可能用手去挠挠小脸蛋，试图把小家伙逗乐，“这么多眼泪，小脸蛋不好看啦！哭起来就不可爱了哦。”说不定还会再挠挠小胳肢窝，“来，笑一个，不哭了好不好？”

可能趁机说教：“哭就不乖了！记住了，下次你先把饼干罐放在桌上再用手拿，就不会撒地上了。你得长点记性！”

也可能转移注意：“快别哭了！看，你快看那边，是谁来了？”或者，“宝贝别哭了啊，我给你拿个棒棒糖，好不好？”

当然，如果这些都不太奏效，小家伙没有知趣地收声——这些招数也确实常常不管用——那么，我们就有可能升级“武器”：“再哭就叫警察把你抓走！”“烦死了，再哭我就不要你了！”“不许哭！再哭就打屁股！”“我们不想理你了！你就自己在这儿哭吧！看你能哭多久！”……

这些办法我都见识过。人们运用它们自然而然、天经地义，在与你相处之前，我也觉得它们自然而然、天经地义——不这样，还能怎样呢？

可当我开始努力试着去理解你的世界，我逐渐意识到，这些回应，无论严厉还是温和，其实本质多半是在拒绝倾听、接纳你们的内心感受。

一个小家伙原本满心渴望又满心欢喜地即将品尝到饼干的美妙滋味，突然什么都没了，想必一定伤心极了。而且他本来觉得自己能做很多事了，可饼干罐怎么就掉地上了呢，想必还很挫败吧？说不定他接着还要生气：为什么这一切不能如他所期望，饼干罐为什么不听他的话？

这种时候，我猜他会想要有人能看见他的痛苦，说一句理解他的话，而不是听到他亲近又依恋的大人，告诉他说，这些感受没什么大不了，不值得哭，也不应该哭；意识到大人们其实无言地在对他说：你的这些感受我们不喜欢、不欢迎，所以，忘掉它们、收起它们！他在一路长大的过程中，或许就慢慢学会将自己敏锐、丰富、天然的感受包裹进一层硬壳中；而且，他很可能也会将这些感受的生成，看作是不好的、不光彩的、羞于示人的、不正确的，他也会不自觉间存下一条“正确”信念——哭可不好。

是的，我们会把你们的感受分成两类：正面的和负面的，好的和坏的。我们只欢迎和鼓励快乐、自信、高兴、自豪、喜悦、幸福，我们不欢迎悲伤、愤怒、嫉妒、沮丧、忧郁、恐惧、焦虑。就好像，上天把一个天然的、完整的你们送给我们，可我们只喜欢、只想要你们的一部分，而拒斥另一部分，于是对这个部分想方设法忽略、打压、改造。就好像，你们的身体里住着一个天使，也住着一个魔鬼，我们可不喜欢看见那魔鬼老出来探头探脑、兴风作浪，恨不能将它驱逐出去。

如果你们从小就一天天意识到，自己有一部分是被讨厌的、被否定的，你们还能真正接纳自己、认同自己吗？

倘若你们对这被否定、被讨厌的一部分，怀着某种隐秘的羞耻感甚至罪疚感，那么，等你们有一天长大，为人父母，会不会也很可能，当新生的生命在你们面前自然而然展露出这一部分天性和本能，你们也会像我们一样，害怕看见它们，想要打压、否认、消灭它们？

这会不会是一种宿命般的循环？我们就是曾经的你们，你们也可能会是将来的我们。

就在前些天，我走在回家的路上，看到两个三四岁的孩子在人行道上跑着，小男孩在前，小女孩在后面高兴地追，两个人都乐得咯咯笑。突然，男孩摔倒在地上了。看他的神情似乎发怔，还没有反应过来，立刻就听到身后跟着的两个大人中，有一个冲他喊："爬起来，没关系！勇敢一点！"

她走到他面前，俯下身，像一个啦啦队员一样，对那孩子竖起两只大拇指，用一种昂扬的声调说："不疼！你可勇敢了，对不对？"

疼或不疼，难道不是只有那孩子才最清楚吗？大人或许不会意识到，那一刻，她以权威的身份，否定、扭曲着一个孩子的自我感知。

这个孩子不被允许去感受自己身体的疼痛、突然摔倒的惊吓以及随之而来的情绪跌宕——简而言之就是体验自我，而是被催促着要将自我的真实感受忽略、否定、埋藏，展现出坚强、昂扬的样子，因为这才符合大人的期望，能让大人开心，能为他赢得赞赏和爱。

同样地，如果一个孩子被大人带到医院去打针，他多半听到的也是类似的“励志”论调：打针一点儿也不疼；不哭不哭，你可勇敢了；我们要坚强一点；你看那个小哥哥打针的时候都不哭，表现多棒啊；你可是一个男子汉哦；我知道你一向可乖可棒了，来，让我看看你有多棒；我们大家都喜欢勇敢的孩子……

你看，即便是在这种哭泣完全情有可原的情境下，我们也不愿听见你们哭，阻止你们去体验和表达自我的真实感受，引导你们造出一层心灵的硬壳。

我们当然以为这么做是对你们好，这才是爱你们的正确方式。可是让我们来听听有位儿童心理学家是怎么说的：“孩子是一个独立的个体，而情绪是独立个体的关键部分，是对自我存在的表达。懂得倾听并尊重他人的情绪，便是懂得倾听并尊重一个人。”*

她还说，“尊重孩了的感受，就是给了孩子体验自我的机会，让他感知此时此刻的自我。尊重孩子的感受，就是在处理事情时考虑孩子的想法，容许他表现出与我们不同的一面，并把他当作有思想的人而不是物体来看待。只有这样，他才有可

---

* 这位儿童心理学家是法国的伊莎贝拉·费利奥沙，引自她的著作《理解孩子的语言：孩子的笑、哭泣和害怕》（黄君艳译，北京科学技术出版社出版）。

能用自己极其独特的方式来回答‘我是谁？’这个问题。”

如果她的观点是有道理的，那是不是可以说，我们拒绝倾听你们的哭声，以及哭声中传递的感受，其实也像其他众多我们自认为爱你们的方式一样，在日常中、无意中侵蚀着你们脆弱的自我？

感受与感受对话

那个饼干的故事是真实的。你两岁多，我们一起去幼儿园参加亲子课，课程结束后，其他孩子和家长还三三两两在室内玩着，这时你的哭声炸响了，所有人都往我们这边看。爸爸后来说，饼干罐砸到地上那个瞬间，他的第一反应是：“完了，要哭了……”

我呢，既为那些投来的目光感到不自在，又想手忙脚乱地去收拾那一地的饼干，可又想似乎应该先安抚你；接着又想，我应该怎么说、怎么做才能让你感到被理解，好让你尽快平静下来呢？那一刻，你哇哇哭着，我虽然蹲着搂住你，心里却乱纷纷的，我感觉自己那时恐怕面色不由自主地凝重，而且私心里盼着你快别哭了。

你哭叫了一会儿，情绪略有平复。我赶紧收拾东西，抱着你准备离开。到门口，一位老师看见你还在轻声抽泣，问：“怎么了？”我简单告知了经过。

“噢——”那位老师什么也没多说，只是这样一边满是遗憾地回应了一声，一边朝向你，脸上自然地浮现出一个夸张的悲伤的表情。

那一刻我突然懂了，她在用感受与你的感受对话！

对啊，饼干突然撤掉，你该有多伤心！而我，你的妈妈，在看到这个表情之前，其实没能体会到这份伤心。我陷在自己的硬壳里，看不见你的感受。

我又上了一课。

我也因此似乎领悟到，为什么此前你情绪汹涌，我安抚你，常常会觉得累。想必那是因为，我跟其他很多成年人一样，下意识地害怕你的哭声，它让我不由自主地紧张，它终究被我当成日常的一项额外负担、一桩非正常事件。我其实仍然像是一个面对火情严阵以待、恪尽职守的消防员，只不过在尝试有别于传统做法、自认“更有效”“更无害”的灭火办法——是的，我下意识地还是想要扑灭火情，一切平稳，皆大欢喜。我忙着用头脑和理智去分析原因、解释困境、寻找良策，却不能用心去感受你的感受。

当我耐下性子抱着、陪着哇哇大哭的你，我从认知和道理上接受这样的观点：情绪啊，它们不好也不坏，它们就是你们与生俱来的天赋与本能，它们会像海浪一样，来了去，去了来；它们有时像明媚的热带海洋一样旖旎怡人，有时阴云密布，都是再正常不过的自然现象。可其实，我内心终究无法坦然地、毫不受羁绊地、不假思索地、再自然不过地去真正接纳你的情绪，包容而不评判，去看见你的感受。

我从未怀疑自己对你的爱。当我第一次感到你在我肚子里的胎动，像一条深海小鱼轻轻吐出一个气泡，我就爱上了你。这种爱的感觉是那样不由分说、不可遏制，又是那样带着喜悦弥漫充盈在心里。这一路与你相处，无论多么困顿疲乏，多么焦虑烦躁，多么气急败坏，这股爱意总能把我拉回来，让我随时愿意为你张开怀抱。

可是，究竟什么是爱？我每天内心里因为你而涌动的这种情感是爱吗？我说不清。这或许需要我们穷尽一生去追寻，寻找每个人自己的答案。但此刻我想，在爱的众多奥义之中，或许可以有这样一条：爱并不需要满足你一切要求，但需要无条件理解、尊重、接纳你的感受，不论“好”“坏”。如此，才真正把你当成一个相异而独立的个体，一个精神上与我完全平等的个体。

古老的智慧

我相信，人类是可以用感受彼此交流、对话的，那原本就是我们的天赋和本能。我们获得这种能力，想必先于语言，先于思想。

灵长类动物学家们就发现，“小黑猩猩有时会从树上摔下来，发出尖叫声，其他黑猩猩很快就会围拢过来，把它抱在怀里……如果一个成年的黑猩猩在一次打斗中败给了对手，独自在树上尖叫，其他猩猩便会爬到他的面前，触摸它，让它平静下来。安慰是类人猿中最为常见的一种反应……”

20世纪初，有位心理学家抚养了一只叫犹尼的小黑猩猩，它总爱在房子最偏远的地方玩耍，比如房顶或它居住的笼子的顶端。玩得兴奋的时候，无论它的抚养人怎么呼喊、恳求，都不肯下来——多么像一心专注、执着于自己玩耍过程的小顽童！可是，这种时候，如果这位抚养人闭上眼睛、假装哭泣，犹尼就会马上停止游戏或任何其他活动，迅速跑到她的面前，“情绪激动，喘着粗气像是要寻找冒犯者”。而且，“它看着我的脸，温柔地用手掌托起我的下巴，轻轻地用手指触摸我的脸，像是在努力了解到底发生了什么事”。*

类人猿尚且如此，更何况人类？更更何况父母与子女？我

---

* 灵长类动物学家们的观察和小黑猩猩犹尼的故事都引自《人类的猿性：一位权威的灵长类动物学家对人类的解读》(〔美〕弗朗斯·德·瓦尔著，胡飞飞、张凡珊、谭晶晶、郭锦辉译，上海科学技术文献出版社2007年出版)。

我们既常常看不见、不回应你们的感受，也常常不懂得如何向你们表达我们自身的感受。

只是怀疑，我们的这种能力是不是有所失落，至少很多时候表现得像是如此。

我们似乎忘了怎样用心去感受你们的感受，仿佛有什么东西在阻隔着。我们不擅长用感受与你们对话。擅长什么呢？“立威”“定规矩”“讲道理”，用各种“你应该”，用自以为“正确”的标准、原则和信条。

这其实是一些怪诞的时刻，我们分明在说话，可能还滔滔不绝，却不是一种连接与对话，因为我们纵使千言万语，真正说的往往却是：你的感受不重要、不对、不好，我的道理和原则才重要、才对、才好。

我们既常常看不见、不回应你们的感受，也常常不懂得如何向你们表达我们自身的感受。当你们的探索和行动确实侵犯到我们的利益，当我们确实无法满足你们的欲求，当我们因此内心升起沮丧、挫败、委屈、伤心之类的痛苦感受，我们往往不自觉间、习惯性地选择以不同形式去否定和攻击你们，而不是向你们传递感受。

有一次我曾经和朋友们谈论这个话题。他们自然而然地怀疑：你们那么小，还不太通言语，也不大懂人间道理，能明白得了我们的感受吗？

这是多么可以理解的怀疑，我们中间很多人可能也是这么想的。然而那些关于类人猿的观察，让我觉得更有理由相信，人类极有可能在很小的时候就对他人的感受非常敏锐了。我也更深切地理解了与你相处中的某些瞬间，以及这些瞬间可能隐含的意义。

就好比，你一岁两个月时，有一天晚上，像往常一样吃奶入睡，但跟往常不一样，吸光了一侧竟还没有睡着。于是自己玩了一会儿，又来寻奶吃。我看着你的眼睛，跟你商量："妈妈的奶被吃破了，很痛很痛，呜啊呜啊！"说着做出痛苦的表情，"不吃奶睡觉了，妈妈抱抱你睡觉，好吗？"

你看着我，很专心的神情，真的不再闹着要吃奶，安静地躺在我怀里，我摇着你。过了一会儿，你挣着坐起来，我以为你要闹着吃奶了，没想到，只是嘴巴凑到我脖子下舔了一舔，又安静地躺到我怀里。过了一会儿，又坐起来，凑过来舔两口，再躺回去。慢慢地眼皮投降了，然后在摇晃中睡着了。

快满一岁三个月的一天晚上，那时我的乳头已经被你吸破痛得无法哺乳，于是试着讲故事哄睡。你边听我讲，边把一只小手伸进我的衣服里，在胸前摸来摸去，还使劲地抓得我生疼。我就干脆疼得叫出声，然后做出哭泣的表情："妈妈疼，呜呜呜……"你立刻很紧张地看着我，把小手从我衣服里抽出来。过了一会儿，又想伸手进来，却迟疑了一下，最终将小手停在了我胸前的衣服上。

一岁六个月，有一天，你让我给你讲绘本。一个故事，让我讲了一遍又一遍，五六遍之后，终于换了另一本，我松一口气，没想到，这另一本，又让我一口气讲了五六遍。我感到自己真是累残了，忍不住将头朝向一侧，低声而夸张地惨叫:“啊——还要讲啊？妈妈讲得口干舌燥。救命啊——”没想到，你突然回过身来，在我胳膊上啪啪拍了两下，然后叫了两声，接着从我腿上滑下来，从书房跑去了客厅。你似乎又听懂了!

一岁八个月，那段时间每天下午我们俩都会一起外出徒步一两个小时。你走一路玩一路，走累了就伸举双臂，说:“wā wā bù！”(那时你会说“妈妈”，会说“抱”，但三个字一起说就错乱了。)我就抱着你走上一段，等到我也累了，就重重喘着粗气说:“啊，妈妈抱不动了，累。”你就会十分自觉地说:“下。”接着自己走一段。

……

最近的一次，是你三岁四个月。我们带你去游泳。游完泳在洗澡区给你洗澡。那里总是很热，于是我说了一句:“太热了，热死人了，热得我都出汗了！”

“哪里？”你问。我就撩开额前的头发，让你看里面的汗珠，你还伸过手来摸了一下。

过了一会儿，你突然宣布说:“下次我们就不来游泳了吧。”

我吃了一惊，“为什么？你不喜欢游泳了吗？”

你的回答让我意外："因为你会热啊。"

每当身处这些瞬间，我都感慨、惊叹。我是不是可以这样理解：很可能我无意中凑巧用你看得懂的表情、体会得到的动作、听得懂的词句，向你传递了我的感受；而你，如同那只小黑猩猩犹尼，因为理解了我的感受，从而调整了自己的行为，克制了自己的某些欲望，给自己的行为和需求划出了某种边界——是的，这边界不是由我用"立威""做规矩"或说教的方式从外部来设立，而是你，基于对他人的感同身受而生发出的内在力量。

这种力量不仅催生自律，还可能释放善意。

两岁九个月，有一天，你让我给你讲一个绘本故事：小熊的妈妈是医生，碰到重病不能来就诊的病人，妈妈就要上门去看病；小熊最不喜欢妈妈出门了……画面是小熊拉着妈妈的衣角哇哇大哭，我模拟着小熊的口吻读道："妈妈不要走，妈妈一直陪着我！"突然感到坐在怀里的小人儿有点安静得异常，我低头一看，竟看到你一脸惨然，眼圈红红的，眼泪已经在打转。我也忍不住眼睛一酸。

三周岁，有一次我们户外玩耍的时候，无意中遇到一个跟你差不多岁数的男孩，正哭得声嘶力竭，眼泪鼻涕和口涎都快流到胸口了。他的爸爸黑着脸坐在略有距离的一旁。你站住了，神情凝重地看了一会儿，然后拉我的手："妈妈，你去安慰一下那个小朋友，好不好？”这于我真是一个难题，可我心里感到一阵温暖。

感同身受，这应该是人类古老的智慧之一。回到我的朋友们的那个疑问，或许正因为你们不太通言语、不大懂道理，我们之间的沟通与对话，才恰恰需要诉诸你们天然而原始的智慧——感受。

那一次我还跟朋友们谈论到另一个故事。有一位妈妈，她有一只特别喜欢的纯手工吹制的漂亮玻璃杯。平时她一直不让孩子们碰这只杯子，可是有一天，就在一瞬间，她两岁的儿子抓住这只杯子，然后松了手。我想你一定猜到了，杯子砸碎了。

我把一个问题抛给我的朋友们：如果那个杯子是我们的，砸碎杯子的是我们的孩子，我们会怎么办？

我们或许会大声呵斥这个孩子，怒不可遏，责备他、教训他，用“捣蛋”“不乖”“不懂事”“就喜欢搞破坏”“熊孩子”“欠揍”之类的标签来评判他（可其实，这个小可爱只是想做一个让他无比好奇的探索实验，或者他真的只是不小心），说不定还可能顺手给他一下子，或者来点别的惩治措施，总之好教他从此长点记性。

这种种否定、攻击，都是我们熟悉而擅长的，它们传递着这样的信息：你坏、你不好、你不乖、你不讨人喜欢、你活该。我们或许很少意识到，这样的信息可能在一个孩子心里埋下隐秘的对自己的羞耻感，可能日复一日破坏一个孩子的自尊、侵蚀一个孩子的自我。

可是不如此，“那还能怎么办呢？”我的一个朋友反问，“总不能哭吧？”

是的，看到杯子在厨房的地板上砸成碎片，那位妈妈确实哭了。

她就是这样表达了自己的感受，却没有评判和责怪她的孩子；她解释了自己很伤心、很生气，却同时让那个小家伙感到妈妈仍然爱他。

我猜，这个小家伙可能会因此感到内疚，毕竟他的行为产生了让他人痛苦的后果，但这不同于羞耻感；他会因此修正自己的行为，但不会因此讨厌自己、否定自己，觉得自己很糟糕，惶恐自己再也得不到爱。

她让那孩子感受到了她的真实感受，而不是感受到她的攻击。

你看，我们原来还可以如此。

后记

来，抱抱

但愿这本小书不会让读者产生一种误解，似乎因为要给孩子足够的自由，我们就不能对他们说不；因为担心对孩子无意中的伤害，我们就不作任何干预；我们最好对孩子百依百顺。我想申明，这并非我的原意。

这个世界确有边界，比如，“他人”就是一条丰富而复杂的边界，需要我们帮助孩子去探索、辨识、适应。也确有一些美好的品质，比如独立、自主、善良、富有责任感，等等，我们可以去培育、引导。是的，孩子需要我们的帮助，我们作为来到这个世界的先行者，也确有一些智慧可以与孩子分享。然而，如何在恰当的时候提供恰当的帮助，如何提供帮助而不是伤害，或者再广而言之，如何与孩子相处，这对为人父母者来说，绝对是一门不简单的艺术。可是，因为对孩子有着天然而浓烈的爱，就算这门艺术难如登天，父母们也都不畏去尝试。

这本书意不在此。我想分享的，是打破我们自己。在与孩子的朝夕相处中，我看到自己、也看到其他父母们，在日常中，那么自然而然地侵犯着孩子的精神边界，破坏着他们对自我的体验、认知和接纳："你怎么不吃饭、怎么吃这么少？""别哭了。""你真是烦人！"……诸如此类。我们往往不仅试图控制一个孩子的行为，还试图控制他们的感受。控制可以打着爱的旗号，但它一定不是爱。

在我看来，这种种控制部分源于无知。如果我们对儿童心理、对孩子的成长规律、对生命本身能有更多更科学的认知，就能减少许多不必要的焦虑与干涉。

部分则出自无意识。我们大多心怀各种恐惧，这些恐惧大多源自我们自身的成长经历，根植于我们自己的童年。大概正是因为它们，我们总想紧紧抓住些什么，需要让自己感到可控、安全，而我们的孩子，常常成为我们最想要抓紧、也最容易抓紧的那个人。要解除这部分控制，我们需要更深入地看见自己。

只有看见、放下我们的控制欲，内心才能有更多的空间来容纳真正的爱。敲碎我们那些固执的信念，才能有更多的空隙长出新东西。如果我们用一种真正平等的心态去对待孩子，用一种新的方式和智慧与他们沟通对话，用更多的爱去滋养他们，他们会长成什么样？说实话，我不知道。这恐怕是我难以体会、无法想象的，就像生活在笼中的鸟，无从体会和想象自由飞翔的生活。

养育方式、养育文化极大地影响、塑造着个体心理和社会心理。我们把新生命带到世间，我们与他（她）从生命最初就展开的互动，对他（她）一生的重要性，或许怎么说都不为过。在这个生命一路长大的过程中，在培育“人”这件事上，社会、学校等等都只是驿站，我们才是基地。我所能想到对孩子最好的爱、爱孩子最好的方式，就是我们自身能成长。

感谢孩子带我成长。一切就从我照着一本图册学习如何抱一个新生儿开始。我根本没想到他牵着我一路走到了这里。他还将牵着我走向哪里呢?

在写作这本书的过程中，最初写下的许多文字全都推翻、废除，因为感悟和思考日渐不同、日渐丰富、日渐深入。某种意义上，这真是一本写不尽的书，因为我坚信，孩子一定还会呈现给我更多的未知。

孩子一岁时，我向朋友感慨说，“傲慢的成年人”；过了一段时间，我愤愤，“丑陋的成年人”！然而慢慢地，我触摸到我们内心照不见光亮的幽暗、脆弱与创痛。巨人的身体里住着一个受伤的孩子，是它在伤害我们的孩子，让他们也受伤。伤痛的传递可以世世代代。

我没有了批判，也没有了愤怒。这就是我啊。这就是我们啊。我想说：来，抱抱。

图书在版编目（CIP）数据

孩子，我愿意这样爱你 / 包丽敏著 . — 长沙：湖南教育出版社，2019.2

ISBN 978-7-5539-6553-6

Ⅰ . ①孩… Ⅱ . ①包… Ⅲ . ①家庭教育 Ⅳ . ① G78

中国版本图书馆 CIP 数据核字（2018）第 295499 号

HAIZI WO YUANYI ZHEYANG AI NI

书　　名　孩子，我愿意这样爱你
作　　者　包丽敏
责任编辑　陈慧娜
特约编辑　刘红霞
插　　画　肉丸子
装帧设计　主语设计
出版发行　湖南教育出版社（长沙市韶山北路 443 号）
网　　址　www.bakclass.com
微 信 号　贝壳网教育平台
客　　服　0731-85486979
经　　销　新华书店
印刷装订　北京彩和坊印刷有限公司
开　　本　710mm × 1000mm　32 开
印　　张　6.5
字　　数　100 000
版　　次　2019 年 2 月第 1 版
印　　次　2019 年 2 月第 1 次印刷
书　　号　ISBN 978-7-5539-6553-6
定　　价　48.80 元